Deutsch als Fremdsprache für Wirtschaftswissenschaftler

DaF an der Hochschule

Lehr- und Lernmaterialien

herausgegeben von Lothar Bunn

im Auftrag des WiPDaF e.V.
(Wissenschaftliche internationale
Partnerschaften Deutsch als Fremdsprache)

Band 2

Eva Dammers, Kristina Wedi

Deutsch als Fremdsprache für Wirtschaftswissenschaftler

Lehr- und Lernmaterialien ab Niveau B2

Waxmann 2020
Münster • New York

Bibliografische Informationen der Deutschen Nationalbibliothek
Die Deutsche Nationalbibliothek verzeichnet diese Publikation in der Deutschen Nationalbibliografie; detaillierte bibliografische Daten sind im Internet über http://dnb.dnb.de abrufbar.

DaF an der Hochschule, Band 2

ISSN 2511-0586
Print-ISBN 978-3-8309-4092-0
E-Book-ISBN 978-3-8309-9092-5

www.waxmann.com
info@waxmann.com

Zeichnungen: Anna Dammers, Ratingen
Umschlaggestaltung: Anne Breitenbach, Münster
Satz: Stoddart Satz- und Layoutservice, Münster
Druck: Elanders GmbH, Waiblingen

Gedruckt auf alterungsbeständigem Papier, säurefrei gemäß ISO 9706

Printed in Germany

Inhalt

Unser Dank gilt Massimo Müller und Dietmar Krafft
für ihre großartige Unterstützung bei diesem Projekt.

Einleitung

Die Hochschulpraxis zeigt, dass berufsbezogene Lehrmaterialien für Deutsch als Fremdsprache mit Fokus Wirtschaft den Anforderungen eines Fachsprachunterrichts für Studierende[1] der Wirtschaftswissenschaften häufig nicht gerecht werden. Das vorliegende Lehrwerk möchte diese Lücke schließen, indem es mit der Fachsprache Wirtschaft insbesondere das theoretische Wirtschaftswissen sowie die Grundlagen der BWL, VWL und der Wirtschaftspolitik in den Fokus nimmt.

Die Zielgruppe

Das Lehrwerk richtet sich an (angehende) ausländische Studierende der Fächer BWL, VWL und Wirtschaftspolitik, aber auch an Interessierte anderer Fächer ab dem Sprachniveau B2. Es eignet sich sowohl für einen Fachsprachunterricht Wirtschaft an universitären Sprachenzentren und Studienkollegs als auch für einen sprachsensiblen Fachunterricht an allgemeinen und berufsbildenden Schulen.

Konzeption des Lehrwerks

Die Konzeption des Lehrwerks ist darauf ausgelegt, sowohl die Perspektive der Fachdidaktik der ökonomischen Bildung als auch der Fachsprachdidaktik miteinander zu verknüpfen. Die sprachlichen und fachlichen Lernziele stehen nicht unabhängig für sich, sondern sind dialektisch aufeinander bezogen. Das heißt, dass die sprachlichen Lernziele aus den fachlichen abgeleitet und die fachlichen Lernziele so ausgewählt wurden, dass sie exemplarisch für die Besonderheiten der Fachsprache Wirtschaft stehen. Als Ausgangspunkt wurden die vom Wirtschaftsdidaktiker Hans Kaminski entwickelten didaktischen Kategorien wirtschaftlichen Handelns herangezogen.[2]

Die Methodik des Lehrwerks verfolgt zudem den sprachdidaktischen Ansatz des Scaffoldings nach Gibbons.[3] Ausgehend von den fachlichen Lernzielen, Inhalten und Methoden wurden die sprachlichen Lernziele bestimmt und eine Sequenzierung der Lernaufgaben von der konkreten zur abstrakten Ebene, von der Alltags- zur Fachsprache hin vorgenommen.[4] Dabei wurden Lern- und Arbeitsformen sowohl der Fach- als auch der Sprachdidaktik gewählt, wie z.B. das Planspiel oder das Rollenspiel, die die Interaktion zwischen den Lernenden fördern und einen handlungsorientierten Unterricht unterstützen.

---

1 Soweit möglich wurden in diesem Band geschlechtsneutrale Formulierungen verwendet. Sollten an manchen Stellen ausschließlich männliche Personenbezeichnungen vorkommen, so gelten sie im Sinne der Gleichbehandlung für alle Geschlechter.

2 Vgl. Kaminski 2017: 131ff.

3 Vgl. Gibbons 2002.

4 Vgl. Kniffka 2010.

Behandelte Fachinhalte

Bei der Auswahl der fachlichen Inhalte wurde versucht, den Studierenden einen Einblick in grundlegende Fragestellungen, wissenschaftliche Ansätze und basale theoretische Modelle in den Fächern BWL, VWL und Wirtschaftspolitik zu geben. Ziel ist der Aufbau eines wirtschaftswissenschaftlichen Grundverständnisses, das dann im Fachstudium vertieft werden kann. Die im Lehrwerk behandelten Fachinhalte setzen dabei kein wirtschaftswissenschaftliches Vorwissen voraus.

Aufbau des Lehrwerks

Die Struktur des Lehrwerks orientiert sich an den fachlichen Inhalten. Ausgehend von den von Kaminski benannten „Merkmalen allen wirtschaftlichen Handelns"[5] wurde das Lehrwerk in 12 Kapitel eingeteilt. Jedes Kapitel eröffnet einen Blickwinkel auf eine fachdidaktische Kategorie der Ökonomik wie z.B. *wirtschaftliches Handeln ist entscheidungsorientiert.* Um die 12 Kategorien in einen kohärenten Zusammenhang einzubetten, wurde das Ausgangsszenario der einsamen Insel gewählt. Anhand dieses Szenarios wird jede Kategorie durch konkrete Problemsituationen veranschaulicht und durch Aufgaben zum Lesen, Hören, Sprechen und Schreiben sowohl fachlich als auch sprachlich vertieft. Eine tabellarische Übersicht über alle fachlichen, sprachlichen und methodischen Inhalte findet sich am Ende des Buches.

Sprachliche Inhalte

Da sich der Aufbau des Lehrwerks nach den Fachinhalten richtet, erfahren die sprachlichen Inhalte keine systematische Progression. Die Behandlung der sprachlichen Phänomene ergibt sich funktional aus den fachlichen Inhalten. Im Vordergrund steht das fachliche Lernziel, z.B. die Unterscheidung von verschiedenen Kostenarten. Um dieses fachliche Lernziel zu erreichen, müssen bestimmte sprachliche Strukturen erworben werden, wie Satzkonstruktionen mit *je… desto* oder die Komparation der Adjektive.

Die Themen, Aufgaben und Fachtexte wurden dabei so entwickelt, dass die wichtigsten typischen Sprachstrukturen sowie die zentralen lexikalischen Mittel der Fachsprache Wirtschaftsdeutsch behandelt werden. Ab dem Sprachniveau B2 kann man davon ausgehen, dass die meisten im Lehrwerk thematisierten Sprachstrukturen bereits bekannt sind und die Aufgaben mehr der Wiederholung sowie der Übertragung auf die wirtschaftlichen Situationen dienen. Es bietet sich an, je nach Vorwissen der Lernenden und je nach Komplexität des grammatischen Themas, Zusatzaufgaben hinzuzuziehen. Empfehlungen für Grammatiklehrwerke mit weiterführenden Übungen finden sich am Ende des Buches.

---

5 Kaminski 2017: 131.

Lernziele

Übergreifendes Lernziel des vorliegenden Bandes ist es, die Grundstrukturen des wirtschaftlichen Geschehens zu vermitteln und somit einen Einblick in die basalen Theoriekomplexe der Ökonomie zu geben. Jedes Kapitel verfolgt sowohl fachliche als auch sprachliche Lernziele sowie die Vermittlung von methodischen Kompetenzen und Lernstrategien, die für das wirtschaftswissenschaftliche Studium von Bedeutung sind. Um die Lernziele jedes Kapitels den Lehrenden und Lernenden transparent zu machen, sind sie jeweils auf der ersten Seite eines Kapitels aufgeführt. Die letzte Seite jedes Kapitels dient der Zusammenfassung der wichtigsten im Kapitel behandelten grammatischen Themen, der Redemittel und des Fachwortschatzes.

Die Rolle des Lehrenden

Für die Arbeit mit dem vorliegenden Lehrwerk ist es nicht erforderlich, dass die Lehrkraft ein abgeschlossenes wirtschaftswissenschaftliches Studium absolviert hat. Mit Hilfe der didaktischen Hinweise und der Lösungsvorschläge, die unter www.waxmann.com/buch4092 kostenlos zur Verfügung stehen, sollte eine Einarbeitung in die fachlichen Inhalte unproblematisch sein. Zur Vertiefung einzelner fachlicher Inhalte bietet sich die vorgeschlagene Literatur weiter hinten im Buch an.

Da das Fach Wirtschaft als Sozialwissenschaft den täglichen Veränderungen des politischen und gesellschaftlichen Geschehens unterliegt, ist es von Vorteil, wenn die Lehrkraft tagesaktuelle wirtschaftliche Themen in den Medien verfolgt und diese in den Unterricht einbindet. Die fachlichen und methodischen Bezüge in diesem Buch bieten dabei eine Grundlage, wie aktuelle ökonomische Fragestellungen oder Probleme aus der Perspektive der Wirtschaftswissenschaften analysiert und erklärt werden können.

Zur Arbeit mit dem Lehrbuch

Ausgehend von dem Szenario der einsamen Insel ist das Lehrbuch an einer narrativen Erzählstruktur ausgerichtet. Die Erzählung ist im Buch als orange hinterlegter Text kenntlich gemacht. Sie leitet durch das Lehrbuch und soll die Lesenden dabei unterstützen, die Geschehnisse auf der Insel in einem größeren wirtschaftlichen Zusammenhang zu sehen. Hinweise zur Grammatik finden sich in grau hinterlegten Info-Kästen. Sie dienen der Wiederholung von grammatischen Regeln bei der Bearbeitung von sprachvertiefenden Aufgaben. Redemittel als Scaffolding für mündliche Aufgaben werden in Sprechblasen angeboten. Längere Fachtexte lassen sich anhand des orangefarbenen Rahmens erkennen.

Aufgrund der durchgängigen Erzählstruktur ist es durchaus sinnvoll, sich mit dem Buch chronologisch zu befassen, da einige theoretische Ansätze und Begrifflichkeiten aufeinander aufbauen. Je nach Vorwissen der Lernenden ist es jedoch auch möglich, die Kapitel einzeln einzusetzen.

Die ersten drei Kapitel nehmen die Ökonomie aus der Perspektive der Aktions- und Handlungstheorie in den Blick, d.h. sie befassen sich mit der Frage, wie Individuen unter restriktiven Bedingungen wirtschaftlich Handeln, um ihren Nutzen zu maximieren.[6] Diese drei Kapitel können deshalb als ein Komplex betrachtet werden und sollten zusammen bearbeitet werden. Kapitel 4 bis 6 nehmen eine interaktionstheoretische Perspektive ein und fragen nicht nur danach, wie ein Individuum wirtschaftet, sondern wie mehrere Akteure zum gegenseitigen Vorteil miteinander leben und arbeiten.[7] In Kapitel 7 bis 12 wird schließlich der Blickwinkel der Institutionentheorie angesetzt, der den Beitrag von Institutionen und Regelsystemen für das wirtschaftliche Handeln analysiert und untersucht, wie Institutionen gestaltet sein sollten, damit die Interaktionen zwischen den Akteuren überhaupt zu Stande kommen und zu einem möglichst großen kooperativen Gewinn für alle Beteiligten führen.[8]

Für jedes Kapitel sollten mindestens ca. 4 Unterrichtseinheiten von je 45 Minuten Dauer eingeplant werden. Dabei ist es sinnvoll, Lesetexte zu Hause vor- bzw. nachbereiten zu lassen sowie die Aufgaben zum Schreiben als Hausaufgabe aufzugeben. Viele Aufgaben sind kommunikativ ausgerichtet, sodass die Unterrichtszeit möglichst dazu genutzt werden sollte, die Interaktion zwischen den Teilnehmenden anzuregen. Folglich überwiegen die Arbeitsformen Partner- und Gruppenarbeit. Zu manchen Aufgaben werden zusätzliche Arbeitsblätter als Anhang im Internet unter www.waxmann.com/buch4092 kostenlos angeboten sowie Audio-Dateien zu den Übungen zum Hörverstehen. Die jeweiligen Aufgaben sind zur besseren Übersicht mit Symbolen gekennzeichnet. Zu allen Audio-Dateien finden sich ebenfalls Transkripte im Internet.

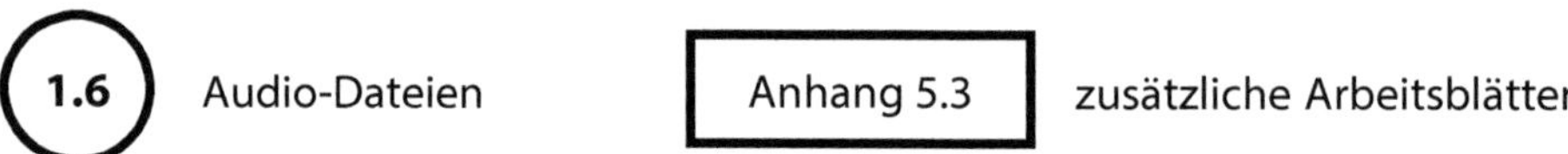

6 Vgl. Kaminski 2017: 99.
7 Vgl. Kaminski 2017: 99-100.
8 Vgl. Kaminski 2017: 100.

1. Die Insel – Bedürfnisse als Grundlage für wirtschaftliches Handeln

In diesem Kapitel lernen Sie

fachlich,

- dass alle Menschen Bedürfnisse haben.
- dass Bedürfnisse die Basis für wirtschaftliches Handeln sind.
- dass man verschiedene Arten von Bedürfnissen unterscheiden kann.

sprachlich,

- dass man den Konjunktiv II verwendet, um über irreale Situationen zu sprechen.
- Redemittel für die Definition und Kategorisierung von Fachbegriffen.

hinsichtlich Methoden und Lernstrategien,

- einen Text mit Hilfe einer Mind Map zu visualisieren.
- zu einem wissenschaftlichen Modell Stellung zu nehmen.
- einem wissenschaftlichen Vortrag zu folgen und Notizen zu machen.

Stellen Sie sich vor, Sie sind auf einer einsamen Insel gestrandet. Alles, was Sie auf der Insel haben, sind Kokosnuss-Palmen und das weite Meer um Sie herum. Um auf dieser Insel zu überleben, müssen Sie sich selbst versorgen.

Konjunktiv II

Aufgabe 1.1

Diskutieren Sie die Fragen gemeinsam mit Ihrem Partner. Die Sprechblasen helfen Ihnen.

a) Was würden Sie **am ersten Tag/in der ersten Woche/nach einigen Monaten** machen, um auf dieser Insel zu überleben?
b) Was würden Sie unbedingt brauchen, um auf dieser Insel zu überleben?
c) Was würden Sie auf der Insel vermissen?

Was **würdest** du **machen**, wenn du auf einer einsamen Insel gestrandet **wärest**?

Ich **würde** Kokosnüsse **sammeln.**

Konjunktiv II	**+**	**Infinitiv (Satzende)**
ich würd**e**	Kokosnüsse	sammeln.
du würd**est**		
er/sie/es würd**e**		
wir würd**en**		
ihr würd**et**		
sie/Sie würd**en**		

Wichtig:
Den Konjunktiv II verwendet man u.a., um über eine irreale Situation zu sprechen.

sein	**haben**
ich wäre	ich hätte
du wärest	du hättest
er/sie/es wäre	er/sie/es hätte
wir wären	wir hätten
ihr wäret	ihr hättet
sie wären	sie hätten

Bedürfnisse

In der ersten Aufgabe haben Sie sich überlegt, was Sie für Ihr Überleben brauchen und welche Wünsche Sie in Ihrem Leben haben. Es geht also um menschliche Bedürfnisse und wie man diese Bedürfnisse befriedigen kann. Diese Fragen stehen auch im Mittelpunkt der Wirtschaftswissenschaften. Bedürfnisse stellen den Ausgangspunkt jedes wirtschaftlichen Handelns dar. Im nachfolgenden Text erfahren Sie daher mehr über das Thema Bedürfnisse.

Aufgabe 1.2

Lesen Sie den Text zum Thema Bedürfnisse. Unterstreichen Sie dabei die Bezeichnungen für die verschiedenen Kategorien von Bedürfnissen.

Der Begriff Bedürfnis in den Wirtschaftswissenschaften

Jeder Mensch verfolgt Ziele und möchte aus bestimmten Gründen etwas besitzen, zum Beispiel zur Befriedigung von ganz elementaren Notwendigkeiten wie Essen und Schlafen, oder zur Befriedigung von Luxuswünschen, wie eine Weltreise oder ein teures Auto. In den Wirtschaftswissenschaften bezeichnet man diese Ziele und Wünsche als ‚Bedürfnisse'. Ein Bedürfnis wird definiert als ein subjektives Gefühl eines Mangels, den man verringern oder beseitigen möchte. Die Beseitigung eines Mangels nennt man in den Wirtschaftswissenschaften die ‚Bedürfnisbefriedigung'.

In der wirtschaftswissenschaftlichen Literatur hat man sich viel mit der Einteilung von Bedürfnissen in verschiedene Arten beschäftigt. Es gibt unterschiedliche Möglichkeiten, Bedürfnisse in Kategorien einzuteilen. Nach einer Systematik klassifiziert man Bedürfnisse in Existenzbedürfnisse, Kulturbedürfnisse und Luxusbedürfnisse. Die Einteilung in diese drei Klassen differenziert nach der Dringlichkeit der Bedürfnisse.

Existenzbedürfnisse umfassen im weiteren Sinne alle Bedürfnisse, die unbedingt lebensnotwendig sind, wie etwa der Wunsch nach Essen, Trinken, Kleidung und einer Wohnung. Ohne die Befriedigung dieser Bedürfnisse ist ein Leben nicht möglich. Daneben gibt es Bedürfnisse, die nicht ganz so dringend sind, aber in unserer heutigen Kultur als selbstverständlich angesehen werden. Man spricht demnach von Kulturbedürfnissen. Beispielhaft hierfür ist der Wunsch nach Kommunikationsmitteln wie Internet, Fernsehen, Telefon und Computer oder aber auch nach Mobilität durch Autos, Flugzeuge etc. Schließlich gibt es auch noch Bedürfnisse, deren Befriedigung in keiner Weise notwendig ist, sogenannte Luxusbedürfnisse. Dazu gehören ein teures Auto, Schmuck oder Designerkleidung.

Eine andere Systematik stellt in den Mittelpunkt, ob es sich um Bedürfnisse eines einzelnen Individuums oder einer ganzen Personengruppe handelt. Man unterscheidet daher in den Wirtschaftswissenschaften die Kollektivbedürfnisse von den Individualbedürfnissen. Ein typisches Kollektivbedürfnis ist beispielsweise der Wunsch nach einer gut ausgebauten Infrastruktur oder nach Schulbildung, wogegen ein Individualbedürfnis ist, ein Fahrrad oder ein Auto zu besitzen.

Zuletzt lassen sich Bedürfnisse auch noch danach gliedern, wie konkret sie sind. Unterschieden werden dabei materielle von immateriellen Bedürfnissen, also einerseits Wünsche, die sich durch den Kauf konkreter Dinge erfüllen lassen und andererseits Bedürfnisse, die sich nicht käuflich befriedigen lassen wie zum Beispiel Gesundheit, Selbstverwirklichung und Liebe.

Die Wirtschaftswissenschaften untersuchen vor dem Hintergrund dieser verschiedenen Bedürfniskategorien das zentrale Problem der Beschaffung von Mitteln zur Befriedigung der menschlichen Bedürfnisse. Der Konflikt zwischen den menschlichen Bedürfnissen und den verfügbaren Mitteln ist damit Ausgangspunkt der wissenschaftlichen Behandlung wirtschaftlicher Probleme.

Aufgabe 1.3

Vervollständigen Sie die Mind Map mit den verschiedenen Bedürfniskategorien, die Sie in Aufgabe 1.2 unterstrichen haben. Überlegen Sie sich eine sinnvolle Anordnung der Begriffe.

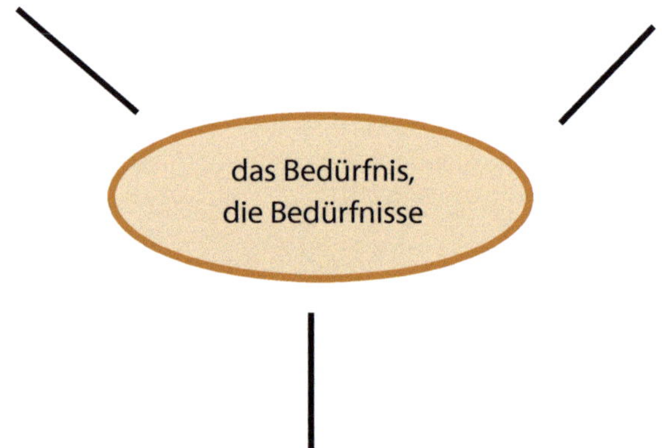

Aufgabe 1.4

Vergleichen Sie die Anordnung der Begriffe mit Ihrem Partner und finden Sie gemeinsam Beispiele für die verschiedenen Kategorien von Bedürfnissen.

Der amerikanische Psychologe Abraham Maslow[1] hat in seinem Modell 1943 die Bedürfnisse hierarchisch angeordnet.

Aufgabe 1.5

Diskutieren Sie gemeinsam mit Ihrem Partner folgende Fragen zu dem Modell:

- Wo würden Sie die in 1.2 genannten Begriffskategorien einsortieren?
- Warum wählte Maslow eine Pyramide zur Anordnung der verschiedenen Bedürfniskategorien?
- Denken Sie, dass das Modell von 1943 heute noch aktuell ist?

Meiner Meinung / Ansicht / Auffassung nach ...

Ich denke / meine / glaube, dass ...

Ich vertrete den Standpunkt, dass ...

1 Bea, Franz X.; Helm, Roland; Schweitzer, Marcell (2009): BWL-Lexikon. Stuttgart: UTB, S. 30.

Sie wissen nun schon, was man in den Wirtschaftswissenschaften unter Bedürfnissen versteht und wie man Bedürfnisse kategorisieren kann. In den Wirtschaftswissenschaften spielen im Zusammenhang mit den Bedürfnissen zwei weitere Begriffe eine wichtige Rolle: der Bedarf und die Nachfrage. Es ist daher wichtig, diese drei Begriffe voneinander abzugrenzen.

Bedürfnis, Bedarf und Nachfrage

Aufgabe 1.6

Hier sehen Sie eine PowerPoint-Folie aus einer Wirtschaftsvorlesung zum Thema Bedürfnisse, Bedarf und Nachfrage. Hören Sie den Ausschnitt aus dem Vortrag des Dozenten und vervollständigen Sie die PowerPoint-Folie mit den gehörten Informationen.

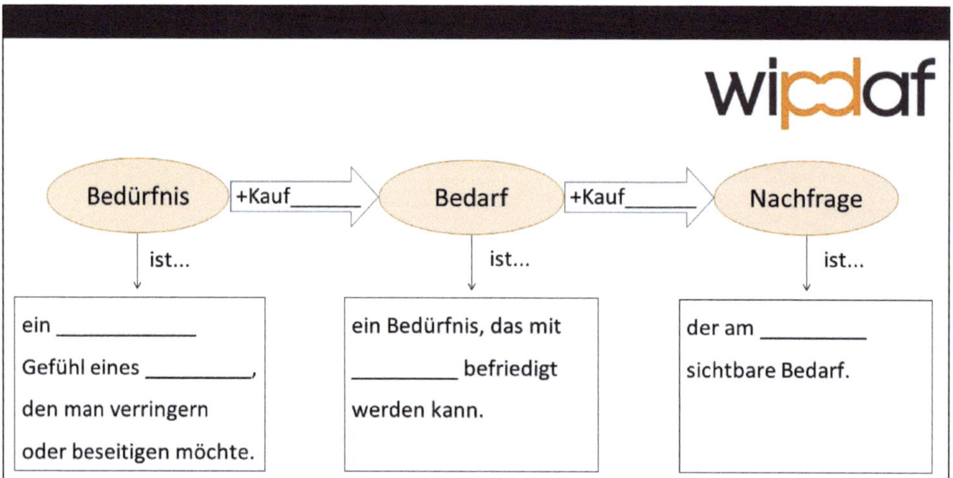

Aufgabe 1.7

In wissenschaftlichen Texten finden wir typische Redemittel, die dazu verwendet werden, um wichtige Fachbegriffe zu definieren oder zu erklären, Begriffe voneinander abzugrenzen und Beispiele zu geben. Lesen Sie den Text in Aufgabe 1.2 erneut und ordnen Sie die Redemittel den verschiedenen Kategorien in der Tabelle zu.

etwas genauer erklären oder definieren	etwas eingrenzen oder abgrenzen	ein Beispiel geben
... wird definiert als ...	*Man unterscheidet ...*	*Beispielhaft hierfür ist ...*

Aufgabe 1.8

Erklären Sie nun schriftlich folgende Begriffe mit Hilfe der Redemittel aus der Tabelle. Grenzen Sie die Begriffe voneinander ab und geben Sie jeweils auch ein Beispiel.

das Bedürfnis, materielle Bedürfnisse, immaterielle Bedürfnisse, Individualbedürfnisse, Kollektivbedürfnisse, der Bedarf, die Nachfrage

Der Begriff Bedürfnis wird definiert als... ______________________________

Im ersten Kapitel konnten Sie sehen, dass Bedürfnisse der Ausgangspunkt jedes wirtschaftlichen Handelns sind. Bedürfnisse lassen sich nach unterschiedlichen theoretischen Ansätzen kategorisieren. Außerdem ist es wichtig, die Begriffe Bedürfnis, Bedarf und Nachfrage voneinander abzugrenzen. Lesen Sie im nachfolgenden Kapitel, wie Bedürfnisse das wirtschaftliche Handeln beeinflussen.

In diesem Kapitel haben Sie gelernt...

Grammatik: Über irreale Situationen mit Hilfe des Konjunktivs II zu sprechen:

„Wenn ich auf einer einsamen Insel **wäre**, …

würde ich würdest du würde er/sie/es würden wir würdet ihr würden sie/Sie	Kokosnüsse	sammeln."

Redemittel:
1. Erklären oder Definieren: man spricht von…, bezeichnet man als..., nennt man…, wird definiert als..., sogenannte...
2. Eingrenzen/Abgrenzen: man unterscheidet… von…, etwas in den Mittelpunkt stellen, man klassifiziert... in..., etwas differenzieren nach..., etwas umfasst...
3. Beispiele geben: zum Beispiel, beispielhaft, beispielsweise, wie..., wie etwa…, dazu gehören…

Fachwortschatz:
- das Bedürfnis/-se: das subjektive Gefühl eines Mangels, den man verringern oder beseitigen möchte
- der Bedarf/-e: ein Bedürfnis, das mit Geld befriedigt werden kann
- die Nachfrage/-n: der am Markt sichtbare Bedarf
- die Bedürfnisbefriedigung/-en: die Beseitigung eines Mangels

2. Warum wirtschaftet der Mensch? Knappheit als Motor

In diesem Kapitel lernen Sie

fachlich,

- dass unbegrenzte Bedürfnisse und knappe Güter die Menschen zu wirtschaftlichem Handeln zwingen (Homo Oeconomicus).
- welche Ausprägungen wirtschaftliches Handeln haben kann (Minimalprinzip und Maximalprinzip).
- wie Güterarten in der Volkswirtschaftslehre unterschieden werden.

sprachlich,

- Behauptungen und Vermutungen auszudrücken.
- Begründungen zu formulieren.
- Begriffe mit Hilfe von Relativsätzen zu definieren und abzugrenzen.

hinsichtlich Methoden und Lernstrategien,

- Abbildungen zu beschreiben.
- sich Tabellen zu erschließen.
- Gegensatzpaare zu erkennen.

Ökonomisches Prinzip

Sie haben sich im ersten Kapitel überlegt, welche Bedürfnisse Sie auf der einsamen Insel hätten und was Sie am ersten Tag bzw. später machen würden, was Sie brauchen und was Sie vielleicht vermissen würden. Nun sind einige Tage, vielleicht sogar Wochen vergangen. Sie sind noch nicht von der einsamen Insel gerettet worden. Sie verbringen den ganzen Tag damit, Ihr Überleben zu sichern. Jeden Tag dasselbe, Sie können kaum satt werden. Kokosnüsse vom Baum zu pflücken ist gar nicht so einfach und sie dann ohne Werkzeug zu öffnen, ist mühsam und dauert lange. Sie fangen die Fische mit der Hand. Trotzdem ist es schon oft vorgekommen, dass Sie erschöpft und sehr hungrig auf dem kalten Sand einschlafen mussten. So kann es nicht weiter gehen. Was ist, wenn Sie krank werden und eines Tages nicht fischen oder klettern können?

Aufgabe 2.1

Diskutieren Sie gemeinsam mit Ihrem Partner, was wäre, wenn Sie eine Angel bauen oder ein Netz knüpfen würden.

a) Welche Vorteile, welche Nachteile würde der Bau mit sich bringen?
b) Welche Herausforderungen müssten Sie bewältigen?
c) Wie schätzen Sie Ihre Lage ein, wenn Sie eine Angel oder ein Netz hätten? Was würde sich für Sie ändern?

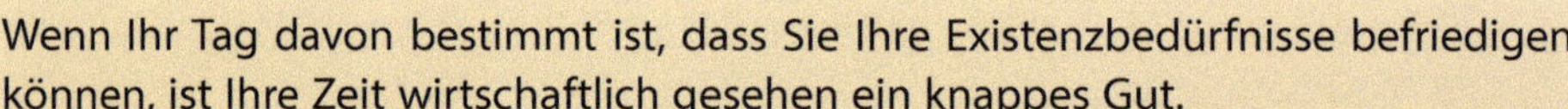

Wenn Ihr Tag davon bestimmt ist, dass Sie Ihre Existenzbedürfnisse befriedigen können, ist Ihre Zeit wirtschaftlich gesehen ein knappes Gut.

Der Begriff **Knappheit** ist in den Wirtschaftswissenschaften ein zentraler Begriff. Er bedeutet, dass alle Ressourcen (Geld, Rohstoffe, aber auch Zeit) begrenzt sind.

Das geplante und zielgerichtete Handeln, diese Zeit sinnvoll zu nutzen, nennt man **wirtschaften**. Der Mensch wirtschaftet also mit gegebenen knappen Ressourcen wie Zeit, Geld und Rohstoffen. Der Mensch handelt rational und wirtschaftlich, deshalb spricht die Wirtschaftswissenschaft vom Menschen als **Homo Oeconomicus**.

Aufgabe 2.2

Versuchen Sie nun, das wirtschaftliche Handeln genauer zu analysieren. Stellen Sie sich dazu zwei Szenarien vor und schreiben Sie zu beiden je einen Satz:

a) Ihr Ziel: Sie wollen aus Kokosnusspalmen ein Haus bauen. Allerdings können Sie nicht alle Palmen abholzen, sonst haben Sie nicht genug Kokosnüsse, die Sie essen können. Wie gehen Sie mit den Palmen um?
b) Ihre Ressourcen sind gegeben: Sie haben 5 Liter Trinkwasser und wissen nicht, wann Sie gerettet werden. Wie gehen Sie mit dem Trinkwasser um?

Für diese unterschiedliche Herangehensweise hat die Wirtschaftswissenschaft allgemeingültige Prinzipien definiert. Das folgende Schaubild zeigt, welche Ausprägungen das wirtschaftliche Handeln haben kann.

Aufgabe 2.3

Schauen Sie sich zusammen mit Ihrem Partner folgendes Schaubild an.

a) Erschließen Sie sich gemeinsam die Grafik, indem Sie das ökonomische Prinzip in einem knappen Text beschreiben. Die Redemittel aus Kapitel 1 helfen Ihnen dabei.

Beginnen Sie z.B. so: *Das Knappheitsproblem zwingt die Menschen, wirtschaftlich und planvoll zu handeln. Dieses planvolle wirtschaftliche Handeln wird als* ***ökonomisches Prinzip*** *bezeichnet. Das ökonomische Prinzip kann zwei Ausprägungen haben. Eine feste Größe gibt es immer. Entweder stehen die Mittel fest oder das Ziel steht fest …*

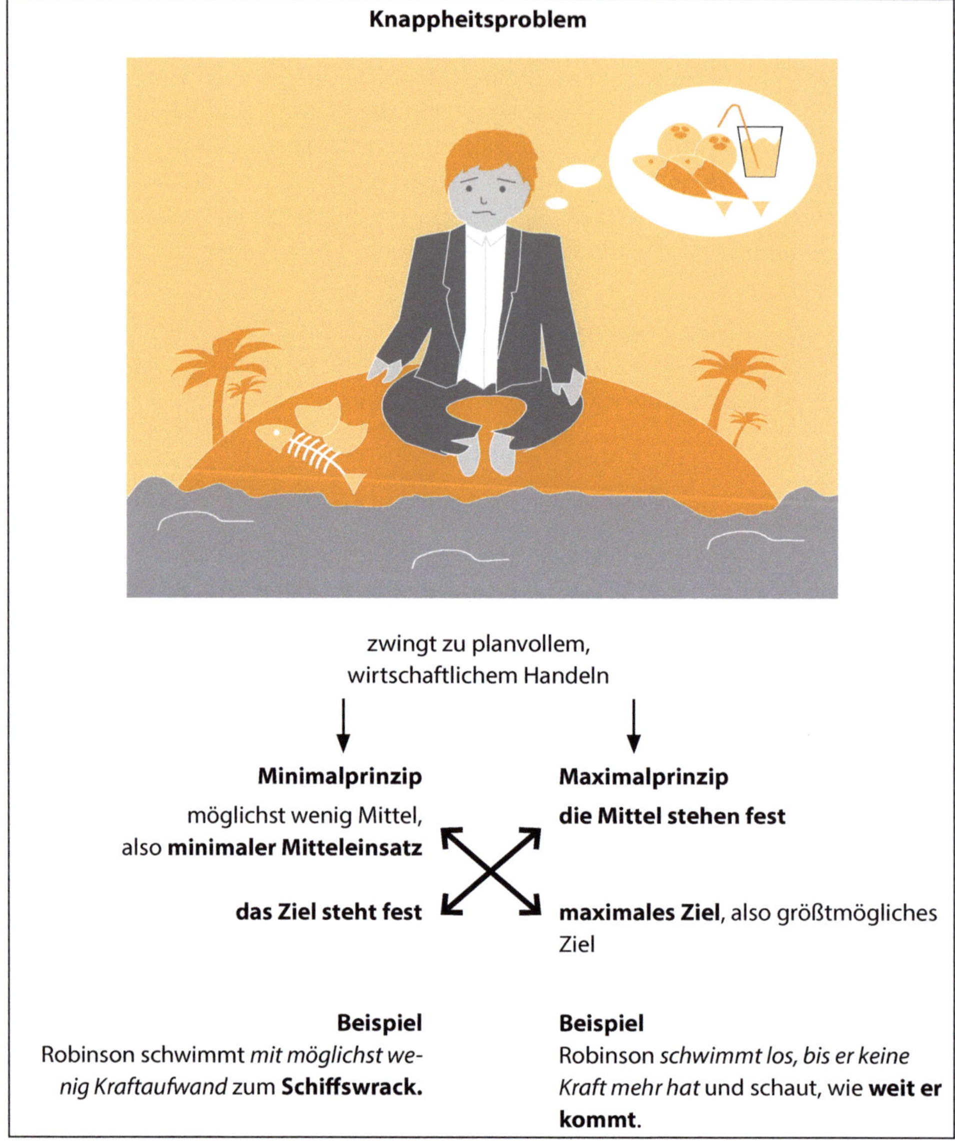

b) Finden Sie weitere Beispiele aus Ihrem alltäglichen Leben für das Minimal- und das Maximalprinzip.

Nicht nur das wirtschaftliche Handeln ist in seinen Ausprägungen definiert. Die Benennung der Güter, die die Bedürfnisse befriedigen können, ist analog zu den Bedürfniskategorien aus dem ersten Kapitel. Die Güter sind es, mit denen bzw. für die der Homo Oeconomicus wirtschaftlich handelt. Sehen Sie sich diese Güterarten in der nächsten Aufgabe genauer an.

Güterarten

Aufgabe 2.4

Nachfolgend finden Sie eine Übersicht zur Einteilung der Güterarten in Gegensatzpaare.

a) Diskutieren Sie mit Ihrem Partner, welche Einträge in der Tabelle fehlen könnten. Die genauen Begriffe sind jetzt noch nicht wichtig (einige Begriffe sind aber analog zu denen im ersten Kapitel). Beim Diskutieren helfen Ihnen die Redemittel in den Sprechblasen:

Begründung:
…, weil…. (Verb am Ende).
…, denn….
Ich kann das auch erklären: ….
Die Erklärung dafür ist, dass…
Dafür / Dagegen spricht, dass…
Was dafür spricht, ist…

Behauptung / Vermutung:
Ich denke, dass es sich hierbei um… handelt.
Meiner Meinung nach…
Möglicherweise ist…
Könnte es sein, dass…
Vielleicht liegt der Unterschied in…
Ich bin der Auffassung, dass…
In Bezug auf… vertrete ich die Meinung, dass….
Mein Eindruck ist, dass…
Meiner Einschätzung nach ist….
Ich bin der festen Überzeugung, dass….

Güterarten differenziert nach Unterscheidungskriterium

Relevanz in der Wirtschaft

Bezeichnung:	freie Güter	______________
Erklärung:	______________	______________
Beispiele:	Meerwasser, Sonne, Wind	Urlaubsreise, Windkraftrad, Mineralwasser, Solariumsbesuch

Gegenständlichkeit

Bezeichnung:	______________	immaterielle Güter
Erklärung:	______________	______________
Beispiele:	PC, Einfamilienhaus, Bücher, Äpfel	Haarschnitt beim Frisör, Beratung beim Steuerberater, Eigentumsrecht, Urheberrecht, Patent

Nutzung

Bezeichnung:	Verbrauchsgüter – Gebrauchsgüter	Konsumgüter – Produktionsgüter / Investitionsgüter
Erklärung:	von ____________ gebraucht oder verbraucht	von ____________ gebraucht oder verbraucht
Beispiele:	Schere im Privathaushalt	Schere beim Frisör
	Zucker und Butter im Privathaushalt	Zucker und Butter in einer Keksfabrik

Funktion

Bezeichnung:	Substitutionsgüter	Komplementärgüter
Erklärung:	____________	____________
Beispiele:	Vollmilch und fettarme Milch	Drucker und Druckerpatrone
	Tafel Schokolade und Pralinen	Auto und Benzin

Anbieter/innen

Bezeichnung:	Individualgüter = Privatgüter	Kollektivgüter = öffentliche Güter
Erklärung:	wird von ____________ angeboten	wird von ____________ angeboten
Beispiel:	privater Swimmingpool	öffentliches Schwimmbad
	Parkplatz eines Einfamilienhauses	öffentlicher Parkplatz
	Privatschule	staatliche Schule

b) Hören Sie das Gespräch zwischen zwei Studierenden, die die Lücken in der Tabelle ausfüllen sollen. Bitte setzen Sie mit Hilfe des Hörtextes die fehlenden Wörter in die Tabelle ein.

c) Vergleichen Sie anschließend Ihre Lösung aus Aufgabe a) mit dem Lösungsvorschlag des Hörtextes.

Relativsätze

Im Hörtext wurden verschiedene Definitionen genannt. Definitionen werden im Deutschen oftmals durch Relativsätze ausgedrückt. Relativsätze geben zusätzliche, spezifischere Informationen zu einem bestimmten Begriff. Lesen Sie die folgenden Definitionen als Beispiele aus dem Hörtext:

Freie Güter **sind** nahezu unbegrenzt vorhanden.

Satz mit Relativsatz:
Als freie Güter bezeichnet man Güter, die nahezu unbegrenzt vorhanden **sind**.

Man handelt nicht **mit** wirtschaftlichen Gütern.

Als wirtschaftliche Güter bezeichnet man Güter, **mit** denen nicht gehandelt wird.

Aufgabe 2.5

Betrachten Sie die Relativsätze noch einmal.

a) Vervollständigen Sie die Regel mit den Wörtern aus dem Kasten. Die Tabelle auf der folgenden Seite hilft Ihnen.

Kasus, Satzende, Relativpronomen, mitten, Ende, vor, hinter

- Relativsätze sind Nebensätze, bei denen das konjugierte Verb am ____________ vom Satz steht.
- Der Relativsatz steht ____________________ dem Nomen, das genauer erklärt wird.
- Relativsätze können __________________ im Satz eingeschoben oder an das ______________________ gestellt werden.
- Das ________________________________ wird durch zwei verschiedene Faktoren bestimmt:
- Das Bezugswort gibt den Numerus (Singular oder Plural) und das Genus (maskulin, feminin, neutrum) an (also welche Spalte der Tabelle ich mir anschauen muss).
- Der _______________ des Relativpronomens ergibt sich aus den Nebensatzinformationen (also welche Zeile in der Tabelle ich mir anschauen muss).
- Steht das Bezugswort im Hauptsatz nach einer Präposition, steht die Präposition im Nebensatz ____________ dem Relativpronomen.

Kasus	**Frage / Genus**	maskulin	feminin	neutrum	Plural
Nominativ	Wer? Was?	der	die	das	die
Akkusativ	Wen? Was? Wohin?	den	die	das	die
Dativ	Wem? Was? Wo?	dem	der	dem	denen
Genitiv	Wessen?	dessen	deren	dessen	deren

b) Definieren Sie nun alle Güterkategorien schriftlich mit Relativsätzen und finden Sie jeweils Beispiele für alle Güterkategorien, wenn möglich aus dem Inselszenario. Die Übersicht aus Aufgabe 2.4 hilft Ihnen dabei.

Beispiel: *Als freie Güter bezeichnet man Güter,* ***die*** *nahezu unbegrenzt vorhanden sind. Beispiele für freie Güter auf der Insel sind Fische, Kokosnüsse, Meerwasser und Sand. Als wirtschaftliche Güter bezeichnet man Güter,* ***die*** *knapp sind,* ***die*** *bearbeitet oder produziert werden,* ***mit denen*** *gehandelt wird.*

Das zweite Kapitel hat Ihnen gezeigt, dass der Mensch im Hinblick auf seine unendlichen Bedürfnisse und das Problem der Knappheit gezwungen ist, rational und wirtschaftlich zu handeln. Die Wirtschaftswissenschaft nennt das das ökonomische Prinzip. Beim ökonomischen Prinzip unterscheidet man das Minimalprinzip und das Maximalprinzip. Beim Minimalprinzip versucht man, mit einem möglichst geringen Einsatz von Mitteln ein festgelegtes Ziel zu erreichen. Beim Maximalprinzip wird versucht, mit festgelegten Mitteln ein möglichst hohes Ziel zu erreichen. Das ökonomische Prinzip ist wichtig, um zu verstehen, wie Menschen wirtschaftliche Entscheidungen treffen.

In diesem Kapitel haben Sie gelernt …

Grammatik:
Relativsätze zum Schreiben von Definitionen zu nutzen:
„Als freie Güter bezeichnet man Güter, **die** nahezu unbegrenzt vorhanden sind."

Relativpronomen					
Kasus	Frage / Genus	maskulin	feminin	neutrum	Plural
Nom.	Wer? Was?	der	die	das	die
Akk.	Wen? Was? Wohin?	den	die	das	die
Dat.	Wem? Was? Wo?	dem	der	dem	denen
Gen.	Wessen?	dessen	deren	dessen	deren

Redemittel:
1. Etwas begründen: , weil … (Verb am Ende) / , denn … / Ich kann das auch erklären: … / Die Erklärung dafür ist, dass … / Dafür bzw. dagegen spricht, dass … / Was dafür spricht, ist …
2. etwas behaupten: Ich denke, dass es sich hierbei um … handelt. / Meiner Meinung nach … / Ich bin der Auffassung, dass … / In Bezug auf… vertrete ich die Meinung, dass … / Mein Eindruck ist, dass … / Meiner Einschätzung nach … / Ich bin der festen Überzeugung, dass ….
3. etwas vermuten: Möglicherweise ist … / Könnte es sein, dass … / Vielleicht liegt der Unterschied in …

Fachwortschatz:
- die Knappheit: alle Ressourcen sind begrenzt
- wirtschaften: das geplante und zielgerichtete Handeln, die knappen Ressourcen sinnvoll zu nutzen
- der Homo Oeconomicus: die Theorie von einem rational und wirtschaftlich handelnden Menschen
- das Minimalprinzip: mit möglichst geringen Mitteln einen bestimmten Nutzen erzielen
- das Maximalprinzip: mit gegebenen Mitteln einen möglichst großen Nutzen erzielen

3. Wirtschaftliches Handeln ist entscheidungsorientiert

In diesem Kapitel lernen Sie

fachlich,

- Nutzen und Grenznutzen zu unterscheiden.
- das Gesetz vom abnehmenden Grenznutzen.
- die grafische Darstellung von Budgetgerade und Indifferenzkurve.

sprachlich,

- den Nutzenbegriff abzugrenzen.
- Alternativen mit zweiteiligen Konnektoren auszudrücken.

hinsichtlich Methoden und Lernstrategien,

- Vorträgen zu folgen und Notizen zu machen.
- Gliederungen für wissenschaftliche Texte oder Vorträge zu erstellen.

Sie haben in den vergangenen zwei Kapiteln gelernt, warum und nach welchen Prinzipien der Mensch wirtschaftet. Beim Wirtschaften mit knappen Gütern steht der Mensch immer vor wichtigen Entscheidungen. Wie teilt er sich seine Zeit ein? Soll er lieber Kokosnüsse pflücken oder Fische fangen? In den Wirtschaftswissenschaften schaut man sich daher ganz genau an, wie der Mensch Entscheidungen trifft.

Aufgabe 3.1

Stellen Sie sich vor, Sie sind zum sinkenden Schiffswrack zurückgeschwommen. Sie wissen, dass auf der Insel kein menschliches Leben und keine Landtiere sind. Jede Minute zählt. Auf die Schnelle finden Sie 20 Gegenstände, von denen Sie aber nur 7 mitnehmen dürfen (die, die die höchste Wichtigkeit haben, alle anderen sind für immer verschwunden). Sie wissen, dass es im Umkreis von 1.000 Seemeilen kein menschliches Leben gibt. Sie müssen entscheiden, was Ihnen persönlich wichtig ist.[1]

a) Entscheiden Sie zuerst allein, welche Wichtigkeit Sie den Dingen geben und tragen Sie die Wichtigkeit in die Spalte A der Tabelle ein (1 = der wichtigste Gegenstand, 20 = der unwichtigste Gegenstand)

20 Dinge aus dem Schiffswrack	**A**	**B**	**C**
1. ein kaputtes Rettungs-Schlauchboot mit einem 50 cm langen Riss			
2. ein Gartenbuch			
3. ein Fläschchen Nagellack			
4. eine 50 g Tafel Schokolade			
5. ein elektrisches Radio ohne Batterien			
6. ein Regenschirm			
7. ein Make-up-Döschen mit einem kleinen Spiegel im Deckel			
8. ein Klappmesser			
9. ein nasses Feuerzeug			
10. 4 Videokassetten			
11. ein Liter 80%iger Wodka			

1 In Anlehnung an das NASA-Spiel, zuerst erwähnt in Pfeiffer, J.W. / Jones, J.E.: A handbook of structured experiences for human relations training, vol I + II. University Associates Press, Iowa City 1970.

12. ein Kanister mit 5 Liter Schiffsdiesel			
13. ein Rettungsring			
14. eine Gardine			
15. 100 Salztabletten (Kochsalz, Speisesalz)			
16. ein Atlas			
17. 1 Literflasche mit Trinkwasser			
18. 2 Konservendosen – ohne Beschriftung			
19. ein Buch in einer Sprache, die Sie nicht kennen			
20. ein Volleyball			

b) Bilden Sie nun Gruppen mit mindestens 4 Personen und diskutieren Sie über eine gemeinsame Lösung, die Sie in Spalte B eintragen.
c) Überlegen Sie nun noch einmal selbst – bleiben Sie bei bei Ihrer ersten Entscheidung? Tragen Sie nun die neue Wichtigkeit in die Spalte C ein.
d) Berichten Sie im Plenum: Welche Vorteile und Nachteile hatte das Treffen von Entscheidungen in der Gruppe?

Nutzen

Vielleicht haben Sie in der Gruppendiskussion ganz neue Ideen bekommen, wie Sie einen der Gegenstände **nutzen** können und haben deshalb am Schluss eine andere Entscheidung getroffen als am Anfang? Die Entscheidungen, die Sie treffen, hängen davon ab, welchen Nutzen Sie in einem Gegenstand sehen. Diese **Nutzen**-Betrachtung ist in der Wirtschaft so elementar, dass der Wert, den ein Gegenstand hat, in der Wirtschaftswissenschaft auch ganz allgemein als **Nutzen** (oder auch kurz mit u für utility abgekürzt) bezeichnet wird. Man sagt, ein Gut stiftet Nutzen. Das Wirtschaftssubjekt – also Sie – versuchen, Ihren Nutzen durch Ihre Entscheidungen zu maximieren, weil Sie so viele Bedürfnisse wie möglich befriedigen möchten.

Um die Entscheidungen besser verstehen zu können, teilt die Wirtschaftswissenschaft den Nutzenbegriff weiter ein. Ein Gegenstand kann einen Grundnutzen und einen Zusatznutzen haben. Der **Grundnutzen** ist gegeben, wenn ein Gut seinen ursprünglichen Gebrauchszweck erfüllt. Beispielsweise ist der Grundnutzen eines Buches die Speicherung von Texten oder Wissen.

Der **Zusatznutzen** geht über die ursprüngliche Bedürfnisbefriedigung hinaus, löst vielleicht andere Probleme, kann beispielsweise auch emotionale Aspekte haben.

Zusatznutzen

Grund-
nutzen

Bei einem Buch wäre das zum Beispiel die Unterhaltung beim Lesen oder dass man das Papier zum Feueranzünden verwenden kann.

Aufgabe 3.2

Bestimmen Sie schriftlich den Grund- und Zusatznutzen für die 5 Güter auf der Insel, die Sie für am wichtigsten halten. Die Redemittel helfen Ihnen dabei.

Das für mich wichtigste /zweitwichtigste / drittwichtigste Gut ist...
der Grundnutzen ist / wäre eigentlich...
der Zusatznutzen von... ist auf der Insel für mich wichtiger...
Der Grundnutzen / Zusatznutzen eines Gutes ist...
Auf der Insel spielt der Zusatznutzen / Grundnutzen von... keine Rolle.

Grenznutzen

Neben dem Grund- und dem Zusatznutzen gibt es noch eine weitere wichtige ökonomische Größe: den **Grenznutzen**. Die folgende Situation veranschaulicht Ihnen, was dieser Begriff bedeutet:

Aufgabe 3.3

Stellen Sie sich vor, Sie sind auf der Insel gestrandet und haben alles abgesucht: Es gibt keine Trinkwasserquelle. Sie haben so großen Durst, dass Sie kaum noch klar denken können. Überlegen Sie für sich, welchen Nutzen in dieser Situation ein Glas Wasser für Sie hätte. Welchen Nutzen hätte das zweite Glas Wasser nach dem Trinken des ersten Glases? Welchen Nutzen hätte das dritte/vierte/fünfte Glas? Gehen Sie bei Ihren Überlegungen folgendermaßen vor:

a) Bewerten Sie den Nutzen von jedem neuen Glas Wasser mit einer Zahl von 0-10 und tragen Sie den Wert in die Tabelle ein.
b) Addieren Sie den Nutzen von jedem zusätzlichen Glas Wasser mit dem jeweils vorangegangenen Nutzenwert und tragen Sie die gesamten Nutzen in die zweite Zeile der Tabelle ein.

Glas Wasser Nr.	1	2	3	4	5	...
a) Nutzen						
b) Gesamter Nutzen						

c) Übertragen Sie die Werte für den gesamten Nutzen der Wassergläser aus Zeile 2 als Säulen in das Diagramm. Als Beispiel sehen Sie die Abbildung rechts neben dem Diagramm.
d) Markieren Sie den Nutzenzuwachs des jeweils nächsten Wasserglases in einer anderen Farbe, wie in der Beispielgrafik dargestellt.
e) Schauen Sie sich den von Ihnen markierten Nutzenzuwachs nochmal genauer an und überlegen Sie, wie er sich mit jedem zusätzlichen Glas Wasser verändert.

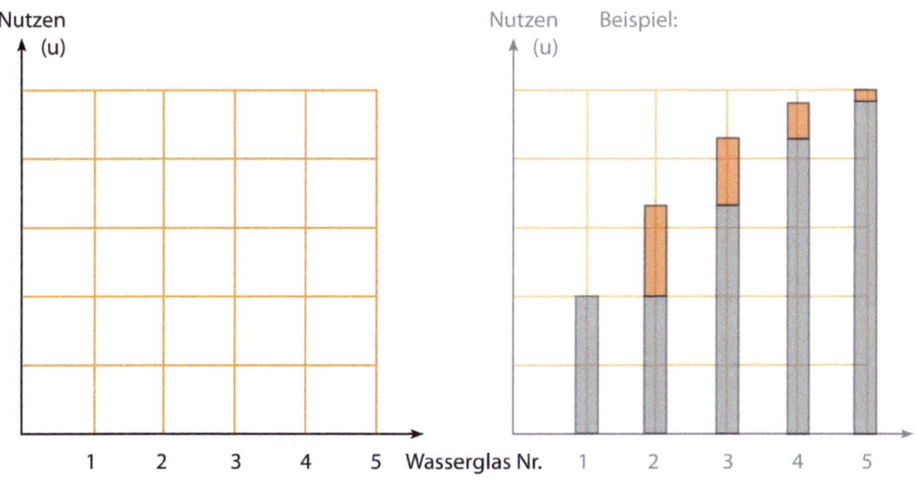

Den Nutzenzuwachs, den der Konsum einer zusätzlichen Einheit (in unserem Beispiel also ein weiteres Glas Wasser) stiftet, bezeichnet man in der Wirtschaft als **Grenznutzen**. In der Ökonomie spricht man häufig von den sogenannten Grenzwerten (Marginalprinzip). Der Grenzwert bzw. Grenznutzen gibt an, in welchem Ausmaß sich der Nutzenzuwachs mit jeder weiteren Einheit verändert.

Der Volkswirt **Hermann Heinrich Gossen** hat 1854 festgestellt, dass der Grenznutzen eines Gutes mit jeder zusätzlich konsumierten Einheit abnimmt, bis schließlich eine Sättigung eintritt. Sättigung bedeutet, dass man von einem Gut genug hat. Man nennt dieses Gesetz auch das **Gesetz vom abnehmenden Grenznutzen** bzw. das **erste Gossensche Gesetz**.[2]

Aufgabe 3.4

Überlegen Sie, wie sich das Gesetz vom abnehmenden Grenznutzen auf Ihre Kaufentscheidungen im täglichen Leben für folgende Güter übertragen lässt:

- eine Pizza
- ein Auto
- ein Busticket
- Medikamente

Sie kennen nun den **Grundnutzen**, den **Zusatznutzen** und den **Grenznutzen**. Als Homo Oeconomicus sind Sie daran interessiert, Ihre Bedürfnisse maximal zu befriedigen, also den Nutzen zu maximieren. Dem steht gegenüber, dass Sie nur ein begrenztes Budget haben. Dieser Zusammenhang lässt sich grafisch darstellen.

Budgetgerade

Aufgabe 3.5

Lesen Sie den folgenden Text.

a) Entscheiden Sie nach dem Lesen, welche Überschrift am besten zum Textinhalt passt. Kreuzen Sie an.

   O Abhängigkeit von Budget und Bedürfnissen
   O Budgetgerade zur Darstellung von 2-Güter-Kombinationen
   O Ceteris paribus-Modelle in der Wirtschaft

---

2 Näheres hierzu in: Paulsen, Andreas (2019): Allgemeine Volkswirtschaftslehre. Band 1. In: Sammlung Göschen 1169. 8. Auflage. Berlin, Boston: De Gruyter, S. 146 ff.

Welche Nahrungsmittel stehen Ihnen auf einer einsamen Insel zur Verfügung? Es gibt Kokospalmen mit Kokosnüssen und um die Insel herum jede Menge Fisch, den Sie fangen können. Nun sind Kokospalmen sehr hoch, die Ernte (ohne Hilfsmittel) ist schwierig. Kokosnüsse, die von selbst von der Palme fallen, sind häufig verdorben. Also müssen Sie auf die Palme klettern, um frische reife Kokosnüsse ernten zu können. Sie können aber auch Fische fangen. Die Zeit, die Ihnen zur Verfügung steht, ist Ihr Budget.

Im Extremfall können Sie Ihr Budget zu 100% auf den Fischfang konzentrieren, dann haben Sie keine Zeit für die Kokosnussernte. Sie können Ihr Budget auch zu 100% mit der Kokosnussernte verbringen, können aber entsprechend keinen Fisch essen.

Ein konkretes Beispiel: konzentrieren Sie sich nur auf den Fischfang, fangen Sie davon 8 Stück am Tag. Investieren Sie die ganze Zeit andererseits nur in die Ernte reifer Kokosnüsse, können Sie insgesamt 10 ernten. Nutzen Sie Ihre Zeit teils für den Fischfang und teils für die Kokosnussernte, ergeben sich viele weitere Kombinationsmöglichkeiten.

Diese Kombinationsmöglichkeiten lassen sich grafisch darstellen:

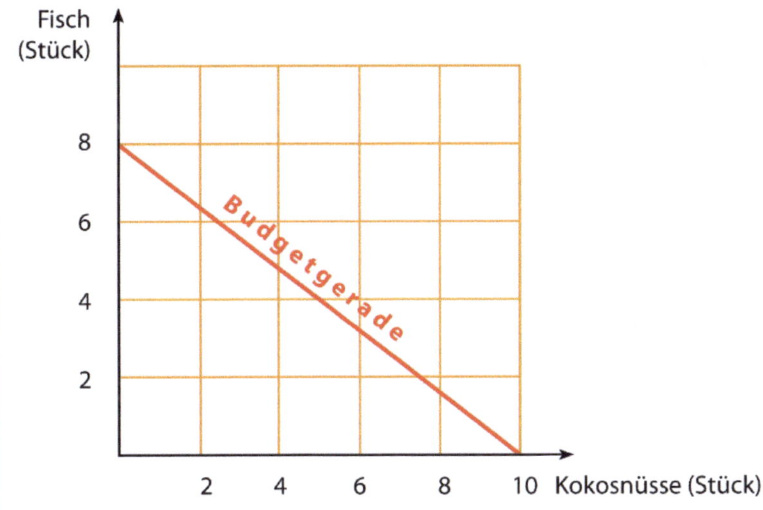

Was lässt sich an dieser Budgetgerade ablesen? Sie sehen nicht nur, dass Sie Ihre gesamte Zeit (= Ihr Budget) entweder nur für den Fischfang (A) oder die Kokosnussernte (B) aufwenden können, sondern auch, wie Sie Ihre Zeit rein rechnerisch auf beide Tätigkeiten aufteilen können. Sie können sowohl 6 Fische fangen als auch 2 Kokosnüsse ernten (C). Möchten Sie sowohl 8 Kokosnüsse wie auch 1 Fisch (D), bleiben Sie sogar unterhalb der Budgetgerade und sparen sogar noch Zeit (= Budget). Zwar lässt sich in der Fläche unterhalb der Geraden jede mögliche theoretische Kombination (z.B. 3,723 Fische) ablesen, aber in der Realität lassen sich ja weder halbe Fische fangen noch halbe Kokosnüsse ernten.

Die Budgetgerade (und die Fläche darunter) drücken also aus, welche Kombinationsmöglichkeiten Sie bei einer isolierten 2-Güter-Betrachtung mit Ihrem Zeitbudget realisieren können. Hier auf der Insel ist das sehr einfach, denn Sie haben nur zwei Möglichkeiten.

Im Wirtschaftsleben gibt es teils viele Güterkombinationen, teils viele Budgetrestriktionen, die es schwierig machen, einen Zusammenhang deutlich zu erklären. Deshalb wird in der Wissenschaft die Ceteris paribus-Klausel angewandt. Das heißt, es werden alle Einflussgrößen (= Variablen) als konstant betrachtet, außer der Variablen, die untersucht werden soll.

Konnektoren

b) Im Text sind die Punkte A-D beschrieben. Markieren Sie die Punkte in der Grafik.

c) Im Text unterhalb der Budgetgerade finden Sie 6 zweiteilige Konnektoren, die sprachlich ein Verhältnis zwischen zwei Elementen ausdrücken. Markieren Sie sie im Text und tragen Sie sie in die Tabelle ein:

Beschreibung:	**Konnektor:**
X und **Y**	1) 2) 3)
X oder **Y**	
nicht **X**, nicht **Y**	
X ☺ **Y** ☹ bzw. **X** ☹ oder **Y** ☺	
ein bisschen **X**, ein bisschen von **Y**	
X ist ein Aspekt **Y** ist ein weiterer Aspekt	

d) Schreiben Sie zu jedem der Konnektoren aus c) 2 Beispielsätze aus dem Wirtschaftsleben.

Sie haben im Text erfahren, dass ein Zusammenhang in der Wissenschaft manchmal so weit vereinfacht wird (ceteris paribus, also alle anderen Variablen bleiben gleich), dass sich daraus Gesetzmäßigkeiten ableiten, erklären oder besser visualisieren lassen. In dem Text haben Sie gelesen, wie sich ein Konsument bei gegebenem Budget zwischen zwei Gütern entscheiden kann. Allerdings konnte man anhand der Budgetgerade nicht erkennen, welchen Nutzen eine bestimmte Güterkombination stiftet. Hier setzt ein weiterer wichtiger Modelltyp in der Nutzentheorie an. Hören Sie nun den Ausschnitt einer Vorlesung, in der es um diese Theorie geht.

Indifferenzkurve

Aufgabe 3.6

3.6

Hören Sie den Text und finden Sie Antworten auf folgende Leitfragen:

1) Was wird bei dem Modell genau betrachtet?
2) Was stellt das Modell dar?
3) Welche grafische Darstellung passt zum vorgestellten Modell? Kreuzen Sie an.

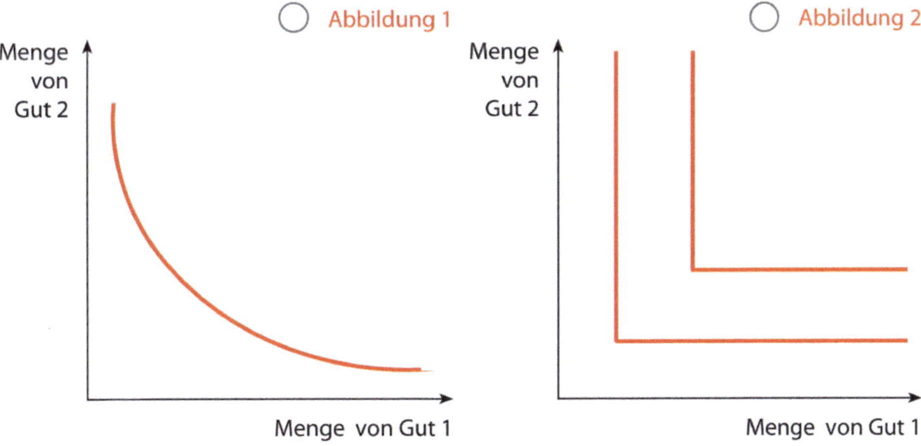

Gliederung von Texten

Aufgabe 3.7

Erfassen Sie gemeinsam mit Ihrem Partner die Struktur des Vortrags und schreiben Sie eine möglichst präzise Gliederung.

a) Hören Sie dazu noch einmal den Text und machen Sie sich Notizen und schreiben Sie eine Gliederung. Die Angaben in der Abbildung helfen Ihnen dabei.

b) Finden Sie einen prägnanten Titel für den Vortrag.

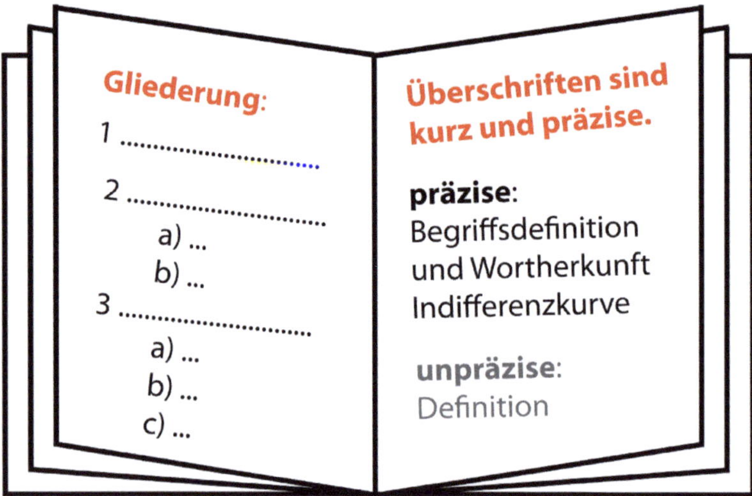

In der Wissenschaft sollen alle Informationen eine logische Struktur haben, also einen sogenannten **roten Faden**. Diese logische Struktur, zieht sich durch den gesamten Text oder den ganzen Vortrag. Die Gliederung unterteilt die Arbeit in logische Überschriften, die den Inhalt des nächsten Abschnitts ankündigen.

c) Nehmen Sie vor dem Vergleichen der Gliederung das Transkript (siehe Anhang 3.7) dazu. In welchen Punkten unterscheidet sich Ihre Gliederung von der Gliederung im Transkript? Notieren Sie die Unterschiede!

d) Diskutieren Sie im Plenum: Warum ist eine präzise, logisch aufgebaute Gliederung wichtig?

Anhang 3.7

Im dritten Kapitel haben Sie gelernt, dass der Nutzen von Gütern und das zur Verfügung stehende Budget wirtschaftliche Entscheidungen beeinflussen. Bisher haben Sie auf der Insel ganz alleine gelebt und gewirtschaftet. Sehen Sie nun im vierten Kapitel, wie sich die wirtschaftliche Situation ändert, wenn weitere Personen auf die Insel kommen und mit Ihnen leben und arbeiten wollen.

In diesem Kapitel haben Sie gelernt …

Grammatik:
Ein Verhältnis oder Alternativen mit zweiteiligen Konnektoren auszudrücken.

Beschreibung:	Konnektor:
X und **Y**	sowohl … als auch … nicht nur … sondern auch … sowohl … wie auch …
X oder **Y**	entweder … oder …
nicht **X**, nicht **Y**	weder … noch …
X ☺ **Y** ☹ bzw. **X** ☹ oder **Y** ☺	zwar …, aber …
ein bisschen **X**, ein bisschen von **Y**	teils … teils …
X ist ein Aspekt **Y** ist ein weiterer Aspekt	einerseits … andererseits …

Fachwortschatz:
- der Nutzen: das Maß an Bedürfnisbefriedigung, das man durch den Konsum eines Gutes erhält
- der Grundnutzen: ist gegeben, wenn ein Gut seinen ursprünglichen Gebrauchszweck erfüllt
- der Zusatznutzen: das Maß an Nutzen, das über den Grundnutzen eines Gutes hinausgeht
- der Grenznutzen: das Maß an Nutzenzuwachs, das man durch den Konsum einer zusätzlichen Einheit eines Gutes erfährt
- das Marginalprinzip: ein ökonomisches Prinzip, nach dem immer die Veränderung mit der nächsten Einheit betrachtet wird
- die Budgetgerade: stellt dar, welche Güterkombinationen sich mit einem bestimmten Budget realisieren lassen
- die Indifferenzkurve: stellt dar, welche Kombinationen von Gütermengen den gleichen Nutzen stiften

4. Warum gibt es eigentlich Unternehmen? – Wirtschaftliches Handeln erfolgt arbeitsteilig

In diesem Kapitel lernen Sie

fachlich,
- dass Unternehmen auf dem Prinzip der Arbeitsteilung beruhen.
- welche Vorteile die Arbeitsteilung mit sich bringt.
- in welche Aufgabenbereiche ein Unternehmen gegliedert sein kann.

sprachlich,
- Vergleiche durch den Komparativ und Superlativ der Adjektive.
- Vergleiche mit **als** und **genauso wie**.

hinsichtlich Methoden und Lernstrategien,
- in der Gruppe eine Idee zu entwickeln.
- in der Gruppe Aufgaben zu verteilen und die Ergebnisse zusammenzutragen.
- ein Plakat zu erstellen und dieses zu präsentieren.

Inzwischen haben Sie sich gut auf der Insel eingelebt. Sie haben sich eine sichere Unterkunft gebaut, haben eine saubere Wasserquelle gefunden und ernähren sich von den Fischen, die Sie fangen, und von den Kokosnüssen, die Sie pflücken. Nach einigen Wochen entschließen Sie sich dazu, die Insel genauer zu erkunden. Dabei machen Sie eine unglaubliche Entdeckung: Sie sind doch nicht alleine auf der Insel! Auf der anderen Seite der Insel lebt ebenfalls jemand, der genauso einsam wie Sie auf der Insel gestrandet ist. Sie sind überglücklich, endlich nicht mehr allein zu sein und freunden sich schnell miteinander an. Ihr Inselmitbewohner ernährt sich genauso autark wie Sie von Kokosnüssen und Fischen, die er an der Küste fängt. Sie stellen aber fest, dass der Küstenabschnitt, an dem sich Ihr Partner angesiedelt hat, viel besser zum Fischen geeignet ist. Zudem hat er schon früher als Fischer gearbeitet und hat damit in dem Bereich umfassendere Erfahrung als Sie. Ihr Partner verfügt über technisch höher entwickelte Angeln als Sie, mit denen sich die Fische viel schneller und effizienter fangen lassen. Andererseits gibt es auf Ihrem Küstenabschnitt mehr Kokospalmen und im Vergleich zu Ihrem Inselmitbewohner sind Sie viel sportlicher und können schneller und höher klettern. Sie überlegen nun, ob es für Sie beide von Vorteil sein könnte, wenn Sie künftig zusammenarbeiten würden und wie die produktivste und effizienteste Art und Weise des gemeinsamen Wirtschaftens für Sie aussehen könnte.

Adjektive im Komparativ und Superlativ

Aufgabe 4.1

Lesen Sie den obigen Text noch einmal und unterstreichen Sie alle Adjektive im Komparativ und Superlativ. Vervollständigen Sie die Tabelle mit den Adjektiven aus dem Text und markieren Sie die Endungen.

Positiv	Komparativ	Superlativ
	schnell**er**	
		produktiv**ste**

Aufgabe 4.2

Wenn wir zwei Dinge miteinander vergleichen, dann können wir sagen, dass die Dinge **gleich** oder **verschieden** sind. Lesen Sie die folgenden Sätze und entscheiden Sie, in welchem Satz die beiden Dinge gleich, in welchem verschieden sind. Ergänzen Sie die Regel in der Box!

1. Ihr Inselmitbewohner ernährt sich **genauso** autark **wie** Sie.
   gleich ☐ verschieden ☐
2. Ihr Partner verfügt über technisch höher entwickelte Angeln **als** Sie.
   gleich ☐ verschieden ☐

Wichtig:
Steht das Adjektiv im Komparativ → ________.
Steht das Adjektiv im Positiv → ________.

Arbeitsteilung

Aufgabe 4.3

Überlegen Sie gemeinsam in Partnerarbeit, wie Sie als Pflücker und Ihr Partner als Fischer Ihre unterschiedlichen Fähigkeiten wirtschaftlich am besten nutzen können! Jeder von Ihnen arbeitet insgesamt 10 Stunden pro Tag, in denen er entweder nur fischt, nur Kokosnüsse pflückt oder beides tut. Jeder von Ihnen ist bei seiner Arbeit aber unterschiedlich effektiv: Als Pflücker können Sie 8 Kokosnüsse **pro Stunde** pflücken **oder** einen Fisch fangen. Als Fischer können Sie 2 Fische **pro Stunde** fangen **oder** 5 Kokosnüsse pflücken.

a) Diskutieren Sie folgende 3 Szenarios und tragen Sie in das Schaubild ein, wie viele Fische und Kokosnüsse Sie beide am Ende des Tages haben.
   1. Jeder arbeitet nur für sich. Jeder fängt 5 Stunden Fische und pflückt 5 Stunden Kokosnüsse.
   2. Jeder arbeitet für sich, wie in Szenario 1, aber der Ertrag wird geteilt.
   3. Jeder macht den ganzen Tag nur das, was er am besten kann. Am Ende des Tages wird wieder geteilt.

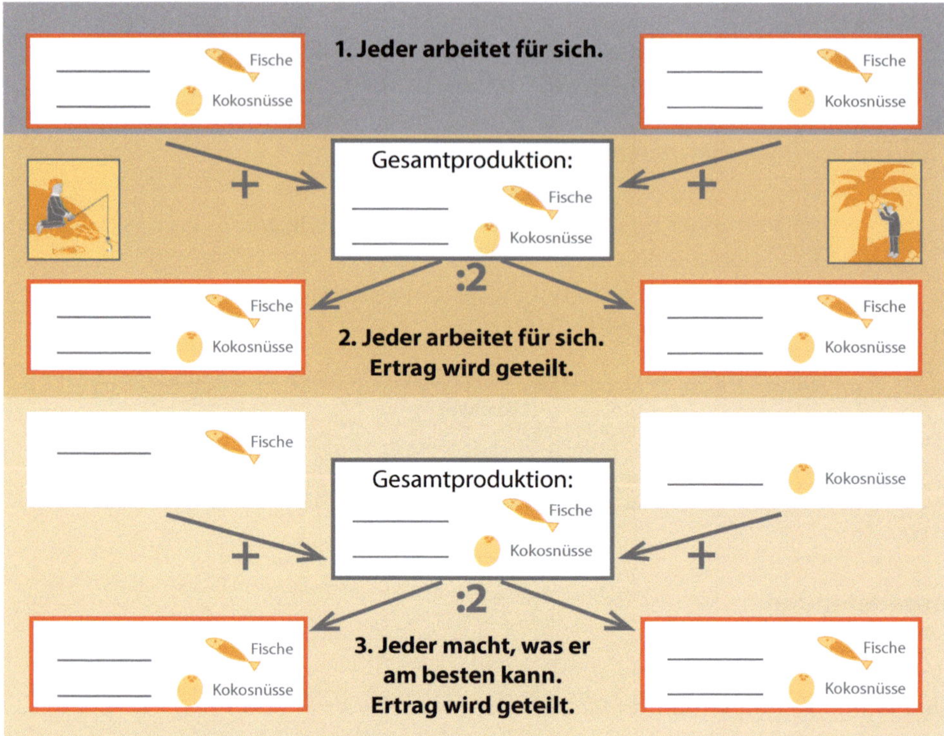

b) Bilden Sie Sätze im Komparativ und Superlativ mit Hilfe der Sprechblasen: Welches Szenario 1, 2 oder 3 ist gut, besser, am besten? Berücksichtigen Sie neben der Menge der Gesamtproduktion auch den Faktor Zeit!

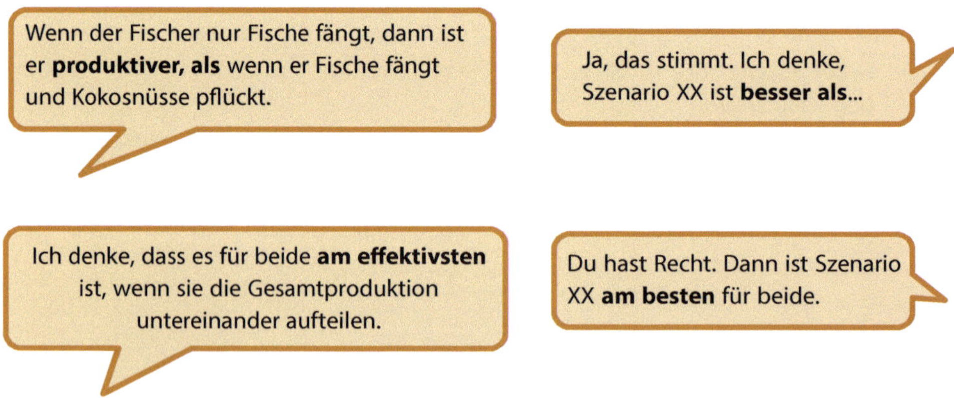

Das Prinzip, auf dem Szenario 3) beruht, ist das Prinzip der Arbeitsteilung. Es bedeutet, dass sich jedes Wirtschaftssubjekt auf einen Aufgabenbereich spezialisiert. Die Arbeitsteilung bringt für das wirtschaftliche Handeln viele Vorteile mit sich. So können Sie nicht nur in Bezug auf die Produktionsmenge und die Nutzung Ihrer verfügbaren Zeit effektiver produzieren, Sie können durch die Entwicklung neuer Technologien und das Lernen voneinander die Qualität Ihrer Produkte auch noch erhöhen.

Stellen Sie sich vor, Sie wären nun nicht mehr nur zu zweit auf der Insel, sondern ein weiteres Schiff mit 1.000 Menschen hätte ebenfalls Schiffbruch erlitten und die Menschen wären auf Ihrer Insel gestrandet.

Aufgabe 4.4

Diskutieren Sie im Plenum folgende Fragen:

a) Welche Vorteile ergeben sich durch das Zusammenleben in einer größeren Gruppe für das wirtschaftliche Handeln? Berücksichtigen Sie dabei die Informationen aus Aufgabe 4.3.
b) Welche Probleme können sich jedoch auch für das gemeinsame Wirtschaften in einer größeren Gruppe ergeben? Wie könnte man diese Probleme lösen?

Um die Vorteile der Arbeitsteilung noch stärker nutzen zu können, entschließen Sie sich dazu, sich mit einigen anderen Inselmitbewohnern zusammenzuschließen und ein Unternehmen zu gründen.

Planspiel: Ein Unternehmen gründen

Aufgabe 4.5

Bilden Sie mehrere Gruppen von 4-6 Personen. Gründen Sie in Gruppenarbeit ein Unternehmen! Sie können das Produkt, das Sie herstellen wollen, frei wählen. Nutzen Sie dabei die Rohstoffe und Ressourcen, die Ihnen auf der Insel zur Verfügung stehen! Erstellen Sie gemeinsam ein Plakat zu Ihrer Geschäftsidee. Orientieren Sie sich an folgenden Fragestellungen:

a) Wie soll der Name Ihres Unternehmens lauten und das Logo aussehen?
b) Welches Produkt bieten Sie an?
c) Was ist das Besondere an Ihrem Produkt?
d) Welchen Standort auf der Insel wählen Sie für Ihr Unternehmen?
e) Wie können Sie die verschiedenen Aufgaben, die in Ihrem Unternehmen anfallen, sinnvoll unter sich aufteilen?

Entsprechend dem Prinzip der Arbeitsteilung teilen Sie sich nun auch innerhalb Ihrer Arbeitsgruppe auf und spezialisieren sich auf einen Aufgabenbereich im Unternehmen. Übernehmen Sie die Leitung für einen Aufgabenbereich und klären Sie folgende Fragen:

Beschaffung:	Welche Rohstoffe benötigen Sie? Welche Menge an Rohstoffen benötigen Sie? Woher kommen die Rohstoffe? Selbstbeschaffung oder Belieferung? Wo und wie werden die Rohstoffe gelagert?
Produktion:	Wie wird das Produkt hergestellt? Welche Maschinen oder Geräte benötigen Sie? Wie lässt sich die Produktion effektiv gestalten? Wie lassen sich Kosten, Zeit und Material sparen?
Absatz:	Wer sind Ihre Kunden? Welche Zielgruppe hat Ihr Produkt? Wie können Sie Ihre Kunden auf Ihr Produkt aufmerksam machen? Wo verkaufen Sie Ihr Produkt? Zu welchem Preis verkaufen Sie Ihr Produkt?
Personal:	Wie viele Mitarbeiter benötigen Sie für Ihr Unternehmen? Wie verteilen sich die Mitarbeiter auf die verschiedenen Abteilungen? Wie bilden Sie die Mitarbeiter aus? Wie bezahlen Sie Ihre Mitarbeiter?

Finanzen: Welche Kosten fallen in Ihrem Unternehmen an?
Wie verteilen sich die Kosten auf die einzelnen Abteilungen?
Zu welchem Preis müssen Sie Ihr Produkt mindestens anbieten, um die Kosten zu decken?

Geschäftsführung: Wie ist die Firma hierarchisch aufgebaut? Wer erteilt die Aufgaben an wen?
Wer bestimmt, was mit dem Gewinn passiert?
Wer wird am Gewinn beteiligt?
Wie erfolgt die Kommunikation in Ihrem Unternehmen?

Aufgabe 4.6

Präsentieren Sie Ihr Unternehmen mit Hilfe des Plakates. Diskutieren Sie nach jeder Präsentation im Plenum folgende Fragen:

a) Wie finden Sie die Geschäftsidee Ihrer Kollegen?
b) Wie bewerten Sie den Erfolg des Unternehmens?
c) Wird sich das Produkt Ihrer Meinung nach etablieren?
d) Was würden Sie anders machen?

Aufgabe 4.7

Vergleichen Sie Ihre wirtschaftliche Situation zu Beginn (Kapitel 1) und Ihre wirtschaftliche Situation in diesem Kapitel. Diskutieren Sie im Plenum folgende Fragen:

a) Welche Vorteile ergeben sich für Sie durch die Arbeit mit anderen Menschen?
b) Welche Vorteile ergeben sich durch die Organisation der Arbeit in einem Unternehmen?

In Kapitel 4 haben Sie erfahren, dass Menschen nach dem Prinzip der Arbeitsteilung miteinander wirtschaften. Dieses Prinzip macht es möglich, knappe Ressourcen, wie z.B. Zeit, möglichst effektiv zu nutzen und durch die Spezialisierung auf ein Aufgabengebiet neue Technologien zu entwickeln. Die Vorteile der Arbeitsteilung sind auch ein wichtiger Grund, warum Menschen nicht für sich allein, sondern in Unternehmen arbeiten. Durch die Arbeitsteilung können die Kosten in einem Unternehmen möglichst gering gehalten werden. Sehen Sie nachfolgend, welche Bedeutung die Kosten für ein Unternehmen haben.

In diesem Kapitel haben Sie gelernt ...

Grammatik:

1. Den Komparativ und Superlativ der Adjektive zu verwenden, um Vergleiche auszudrücken:

„Wenn der Fischer nur Fische fängt, dann ist er produktiver, als wenn er Fische fängt und Kokosnüsse pflückt."

Positiv	Komparativ	Superlativ
produktiv	produktiv**er**	am produktiv**sten**

2. Vergleichssätze zu bilden:

Wenn wir ausdrücken wollen, dass zwei Dinge gleich sind, benutzen wir das Adjektiv im Positiv und die Vergleichspartikel **(genau)so... wie**:

„Auf der anderen Seite der Insel lebt ebenfalls jemand, der **genauso** einsam **wie** Sie auf der Insel gestrandet ist."

Wenn wir ausdrücken wollen, dass zwei Dinge verschieden sind, benutzen wir das Adjektiv im Komparativ und die Vergleichspartikel **als**:

„Ihr Partner verfügt über technisch höher entwickelte Angeln **als** Sie."

Fachwortschatz:
- die Arbeitsteilung/-en: der Einsatz der Menschen nach ihren speziellen Fähigkeiten und Fertigkeiten
- die Beschaffung/-en: das Besorgen von Produktionsfaktoren
- die Produktion/-en: die Herstellung, Umwandlung oder Bereitstellung von Waren und Dienstleistungen
- der Absatz: der Verkauf von Waren und Dienstleistungen

5. Kosten im Unternehmen – Wirtschaftliches Handeln ist gewinnorientiert

In diesem Kapitel lernen Sie

fachlich,

- welche Arten von Kosten man unterscheidet.
- die Bedeutung der Kosten für die Preiskalkulation eines Produktes.
- die Bedeutung der Kosten für die Ermittlung der Gewinnschwelle.

sprachlich,

- wie man ein proportionales bzw. antiproportionales Verhältnis ausdrücken kann.
- wie man Vorschläge und Gegenvorschläge machen kann.

hinsichtlich Methoden und Lernstrategien,

- einen Text zusammen mit einer Grafik zu lesen.
- in einer Gruppe zu diskutieren und zu einem Ergebnis zu kommen.
- ein Wortfeld-Cluster anzulegen.

Sie haben auf der Insel verschiedene Unternehmen gegründet. Manche Unternehmen produzieren Güter wie Kleidung, Schuhe oder Nahrungsmittel. Andere Unternehmen erbringen Dienstleistungen wie beispielsweise einen Haarschnitt oder den Transport über die Insel. Wenn die Unternehmen auf der Insel etwas produzieren möchten, müssen sie andere Güter und Dienstleistungen einsetzen, zum Beispiel Rohstoffe, Maschinen, Werkzeuge und Arbeitskräfte. Für den Einsatz dieser Ressourcen entstehen Kosten. Die Entstehung von Kosten ist für das gewinnorientierte wirtschaftliche Handeln zentral. Schauen wir uns daher nachfolgend die verschiedenen Arten von Kosten genauer an.

Kosten

Aufgabe 5.1

Lesen Sie den ersten Teil des Textes zum Thema ‚Betriebliche Kosten'.

a) Ordnen Sie die drei Abbildungen den jeweiligen Stellen im Text zu.
b) Unterstreichen Sie im Text die Satzteile, die signalisieren, zu welchem Bild der Abschnitt gehört.

Betriebliche Kosten

Jedes Unternehmen möchte möglichst hohe Gewinne erzielen, deshalb versucht es, seine Güter oder Dienstleistungen möglichst kostengünstig herzustellen. Je geringer die Herstellungskosten für ein Unternehmen sind, desto höher fällt der Gewinn aus. Außerdem ist es sehr wichtig für ein Unternehmen, die genauen Kosten zu erfassen, weil es die Preise für seine Produkte oder Dienstleistungen berechnen muss. Dies nennt man Kalkulation.

Es gibt verschiedene Arten von Kosten, die bei der Produktion von Gütern oder Dienstleistungen entstehen können. Man unterscheidet in der Betriebswirtschaftslehre fixe Kosten und variable Kosten. Die fixen Kosten sind solche Kosten, die unabhängig von der produzierten Menge kontinuierlich anfallen. Sie entstehen selbst dann, wenn überhaupt nicht produziert wird. Beispiele für fixe Kosten sind die Miete für Büros oder Produktionsräume, Steuern, Versicherungen oder die Gehälter der Unternehmensleitung und anderer fest angestellter Mitarbeiter.

Die variablen Kosten sind solche Kosten, die abhängig von der Produktionsmenge anfallen. Je mehr ein Unternehmen produziert, desto stärker steigen die variablen Kosten an. Je weniger ein Unternehmen produziert, desto niedrigere variable Kosten fallen an. Beispiele für variable Kosten sind die Kosten für Rohstoffe, Produktions- und Energiekosten für die Maschinen.

Die Gesamtkosten ergeben sich aus der Summe der fixen Kosten und der variablen Kosten. Man berechnet die Gesamtkosten mit einer einfachen Formel:

Gesamtkosten = fixe Kosten + variable Kosten pro Stück · Produktionsmenge

Je mehr produziert wird, desto kleiner wird der Anteil der fixen Kosten an den Gesamtkosten. Das heißt, mit steigender Produktionsmenge sinken die Kosten pro Stück. Das nennt man das Gesetz der Massenproduktion.

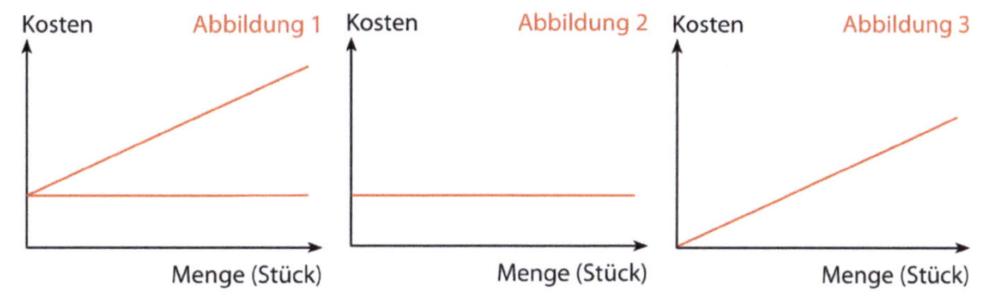

Vergleichssätze

Aufgabe 5.2

Lesen Sie die Vergleichssätze mit **je ..., desto ...** aus dem Text. Sie stellen einen proportionalen oder antiproportionalen Zusammenhang dar, den Sie auch anhand der Grafiken beobachten können.

a) Ergänzen Sie in den nachfolgenden Sätzen die Adjektive aus der Box. Unterstreichen Sie die Verben und bestimmen Sie dann den Hauptsatz und den Nebensatz.

mehr, mehr, stärker, höher, niedrigere, kleiner, weniger, geringer

1. Je __________ die Herstellungskosten für ein Unternehmen sind, desto __________ fällt der Gewinn aus.
2. Je __________ ein Unternehmen produziert, desto __________ steigen die variablen Kosten an.
3. Je __________ ein Unternehmen produziert, desto __________ variable Kosten fallen an.
4. Je __________ produziert wird, desto __________ wird der Anteil der fixen Kosten an den Gesamtkosten.

b) Ergänzen Sie die Regel für Vergleichssätze mit **je ..., desto ...** in der Merk-Box.

Wichtig:
Nach je ... desto ... steht immer ein Adjektiv im ________________.
Der Satzteil mit je ... bildet immer den ______________________
(Verb am Satzende), der Satzteil mit desto ... bildet immer den
__________________ (Verb auf Position 2).

c) Vergleichssätze mit **je..., desto...** haben oft eine konditionale Bedeutung. Formen Sie die folgenden Konditionalsätze mit **wenn** in Vergleichssätze mit **je ..., desto ...** um. Verwenden Sie den Komparativ in Klammern.

1. Wenn die Produktionsmenge steigt, dann sinken die Kosten pro Stück. *(mehr/mehr)*
2. Wenn die Produktionsmenge größer wird, dann steigen die Kosten für Rohstoffe sowie die Produktions- und Energiekosten für die Maschinen. *(größer/mehr)*
3. Wenn ein Unternehmen möglichst hohe Gewinne erzielen möchte, dann versucht es, seine Güter oder Dienstleistungen mit möglichst geringen Kosten herzustellen. *(höher/mehr)*

Planspiel: Fixe und variable Kosten

Die Ermittlung der fixen und variablen Kosten ist sehr wichtig für die Bestimmung des Preises, zu dem Sie Ihr Produkt verkaufen möchten. Das können Sie an dem folgenden Planspiel[1] sehen.

Stellen Sie sich dazu folgendes Szenario vor: Da es auf der Insel viele Kokospalmen als Rohstoff gibt, entschließen Sie sich, ein Unternehmen zu gründen, das Kokos-Smoothies herstellt. Diese Smoothies verkaufen Sie auf Paletten zu je 100 Flaschen pro Palette. Allerdings gibt es auf der Insel drei weitere Unternehmen, die ebenfalls Kokos-Smoothies produzieren und mit Ihnen um die Kunden konkurrieren. Denken Sie daran, dass Sie Ihre Kokos-Smoothies nur frisch verkaufen können, Sie können sie also nicht lagern. Jeden Monat erhalten Sie neue Aufträge. Wenn Sie zu wenig produziert haben, können Sie nicht alle Aufträge erfüllen. Wenn Sie zu viel produziert haben, dann können Sie nicht alle Smoothies verkaufen und müssen sie wegwerfen. Das Unternehmen, das am Ende des Spiels den größten Gewinn erzielt hat, gewinnt.

---

1 Planspiel adaptiert nach Ewig, Gerd (1991): Schülerzentriertes Lernen im Wirtschaftsunterricht: Simulationen (Fallstudie, Rollenspiel, Lern- und Planspiel). In: Erziehungswissenschaft und Beruf 2/91, S. 130-147.

Aufgabe 5.3

Bilden Sie genau 4 Gruppen, die jeweils ein Unternehmen darstellen, das Kokos-Smoothies produziert. Jede Gruppe erhält einen Spielplan (Anhang 5.3). Finden Sie einen Namen für Ihr Unternehmen und tragen Sie ihn in den Spielplan ein.

Sie haben fixe Kosten von 500 € pro Monat,
die variablen Kosten liegen bei 100 € pro Palette.

Anhang 5.3

Sie spielen gegen Ihre Konkurrenz in fünf Spielrunden. Der Spielleiter entscheidet nach jeder Runde, wie viele Aufträge Sie erhalten. Der Spielleiter vergibt als Kunde auf dem Markt die Aufträge an alle Unternehmen. Das Unternehmen mit dem günstigsten Preis erhält 8 Aufträge, das nächst teurere 6, das nächste 4 und das teuerste erhält 2. Sie können nur so viele Paletten verkaufen, wie Sie auch im Vorfeld produziert haben!

Gehen Sie in jeder Runde wie folgt vor:

a) Diskutieren Sie mit den anderen Gruppenmitgliedern, wie viele Paletten mit Smoothies Sie produzieren möchten und zu welchem Preis Sie die Paletten anbieten. Die Redemittel in den Sprechblasen helfen Ihnen.
b) Schreiben Sie die Anzahl der Paletten, die Sie produzieren, in den Spielplan (max. 20).
c) Berechnen Sie die variablen und fixen Kosten sowie die Gesamtkosten Ihrer Produktion.
d) Entscheiden Sie gemeinsam, zu welchem Verkaufspreis je Palette Sie Ihre Smoothies anbieten. Der Preis muss zwischen 100 € und 1.000 € in ganzen Hundertern liegen. Schreiben Sie den Verkaufspreis in den Spielplan und teilen Sie ihn dem Spielleiter mit.
e) Tragen Sie nach Vergabe der Aufträge die Anzahl Ihrer Aufträge in den Spielplan ein.
f) Berechnen Sie den Erlös mit der Formel im Spielplan.
g) Ermitteln Sie jede Runde Ihren Gewinn oder Verlust und verrechnen Sie ihn mit den anderen Runden. Wer hat nach fünf Runden das erfolgreichste Unternehmen?

Wichtig:
Den Konjunktiv II verwendet man u. a., um Vorschläge zu machen.

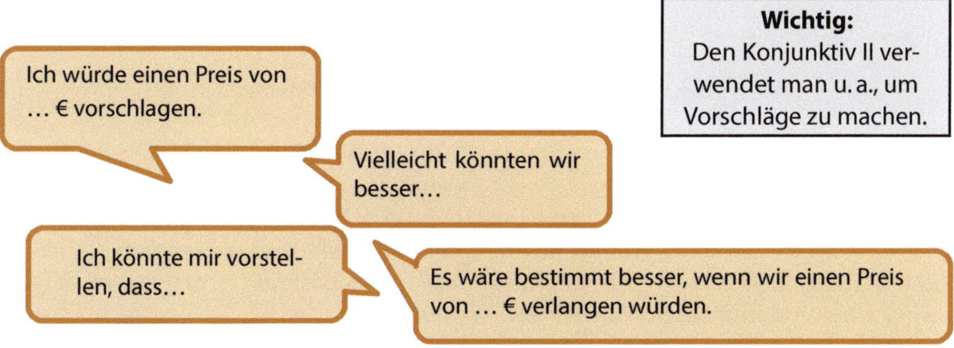

Aufgabe 5.4

Diskutieren Sie nach dem Spiel im Plenum:

a) Wie hat Ihre Gruppe in der ersten Runde den Verkaufspreis bestimmt?
b) Wie hat sich Ihr Preis in der zweiten, dritten, ... Runde verändert? Warum?
c) Vergleichen Sie die Verkaufspreise aller Gruppen am Ende des Spiels. Was fällt Ihnen auf?

Das Spiel hat Ihnen gezeigt, dass Sie die fixen und variablen Kosten beachten müssen, wenn Sie den Preis für Ihr Produkt bestimmen möchten. Dabei ist es für Sie als Unternehmer nicht nur wichtig zu wissen, welchen Preis Sie mindestens verlangen müssen, damit Sie keinen Verlust machen. Sie möchten auch wissen, wie viel Sie produzieren müssen, um einen Gewinn zu erzielen.

Deckungsbeitrag und Gewinnschwelle

Aufgabe 5.5

Lesen Sie Teil 2 des Textes. Zeichnen Sie in die Grafik ein:

a) wann das Unternehmen Gewinn macht.
b) wann das Unternehmen Verlust macht.
c) den Break-even-Point.

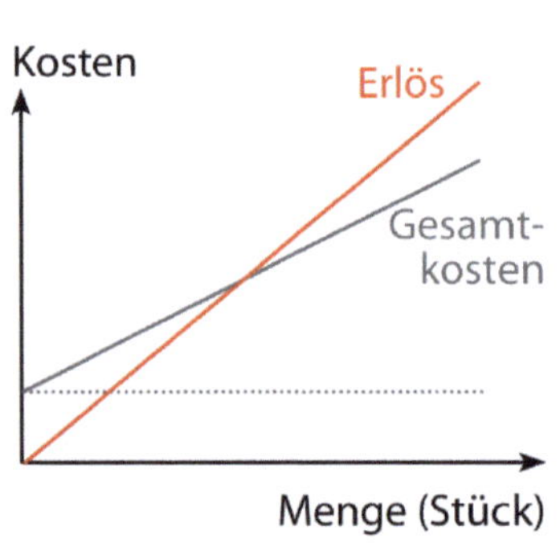

Wenn ein Unternehmen den Preis für sein Produkt kalkulieren möchte, muss es überlegen, was der minimale Preis ist, den das Unternehmen für sein Produkt verlangen muss. Man nennt das die **absolute Preisuntergrenze**. Die absolute Preisuntergrenze liegt da, wo die variablen Kosten gedeckt sind. Liegt der Preis über den variablen Kosten, kann auch ein Teil der fixen Kosten gedeckt werden. Der Betrag, der zusätzlich zu den variablen Kosten auch einen Teil der Fixkosten deckt, nennt man **Deckungsbeitrag**. Die Formel für die Berechnung des Deckungsbeitrags lautet:

Deckungsbeitrag = Erlös - variable Kosten

Meistens möchte ein Unternehmen aber nicht nur seine Kosten decken, es möchte auch Gewinn erzielen. Wenn man wissen möchte, ab welcher Produktionsmenge ein Unternehmen Gewinne erzielt, berechnet man den **Break-even-Point**. Der Break-even-Point gibt die **Gewinnschwelle** an. In diesem Punkt sind die gesamten Kosten und der Erlös gleich hoch. Übersteigt das Unternehmen diesen Punkt, macht es Gewinn. Liegt es unter diesem Punkt, macht es Verlust.

Aufgabe 5.6

Lesen Sie noch einmal Teil 1 und 2 des Textes zu den betrieblichen Kosten und unterstreichen Sie alle Wörter und Ausdrücke, die mit dem Thema Kosten und Gewinn verbunden sind. Erstellen Sie mit den unterstrichenen Wörtern ein Wortfeld-Cluster.

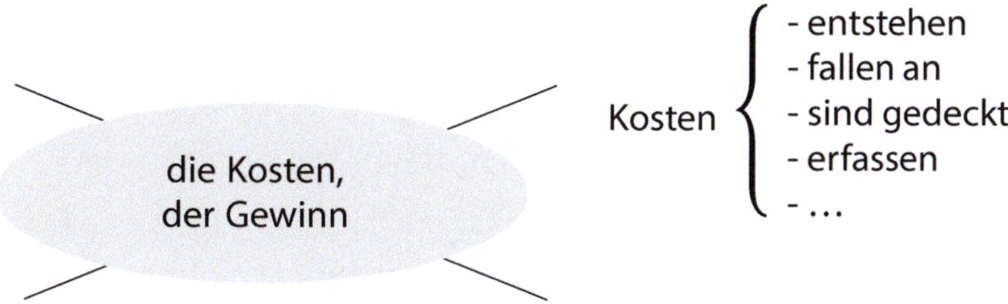

Kapitel 5 hat Ihnen gezeigt, welche Bedeutung die Kosten für ein Unternehmen zur Ermittlung der Preise seiner Güter und zur Berechnung des Gewinns haben. Für ein Unternehmen ist es daher wichtig, die Kosten bei der Kalkulation nach fixen und variablen Kosten aufzuteilen, um zwischen der Ermittlung der absoluten Preisuntergrenze, dem Deckungsbeitrag und dem Break-even-Point unterscheiden zu können.

In diesem Kapitel haben Sie gelernt …

Grammatik:
Proportionale oder antiproportionale Zusammenhänge anhand von Sätzen mit **je …, desto …** auszudrücken:

„Je mehr ein Unternehmen produziert, desto stärker steigen die variablen Kosten an."

> *Nach **je …, desto …** steht immer ein Adjektiv im Komparativ. Der Satzteil mit **je …** bildet immer den Nebensatz, der Satzteil mit **desto …** bildet immer den Hauptsatz.*

Redemittel:
1. Vorschläge: Ich würde … vorschlagen. / Ich könnte mir vorstellen, dass …
2. Gegenvorschläge: Es wäre bestimmt besser, wenn wir … / Vielleicht könnten wir besser …

Fachwortschatz:
- fixe Kosten: Kosten, die unabhängig von der produzierten Menge anfallen
- variable Kosten: Kosten, die abhängig von der Produktion anfallen
- Gesamtkosten: Summe aus den fixen Kosten und den variablen Kosten
- die absolute Preisuntergrenze: der minimale Preis, den das Unternehmen für sein Produkt verlangen muss, um die variablen Kosten zu decken
- der Deckungsbeitrag: der Teil des Erlöses, der zusätzlich zu den variablen Kosten auch einen Teil der Fixkosten deckt
- der Break-even-Point: Die Gewinnschwelle, in diesem Punkt sind die gesamten Kosten und der Gesamterlös gleich hoch

6. Chancen und Risiken – Wirtschaftliches Handeln ist risikogeprägt

In diesem Kapitel lernen Sie

fachlich,

- dass wirtschaftliche Entscheidungen mit Risiken verbunden sind.
- dass man Risiken in der Kosten-Nutzen-Analyse berücksichtigen muss.
- wie man Chancen und Risiken eines Unternehmens mit Hilfe einer SWOT-Analyse bewerten kann.

sprachlich,

- Wahrscheinlichkeiten mit Hilfe von Modalverben auszudrücken.
- mathematische Formeln mündlich auszudrücken.

hinsichtlich Methoden und Lernstrategien,

- die wichtigsten Informationen zu einem Unternehmen zu präsentieren.
- Informationen über ein Unternehmen gegeneinander abzuwägen.

Wie Sie im Planspiel in Kapitel 5 gesehen haben, sind Sie bei wirtschaftlichen Entscheidungen oft mit Unsicherheiten konfrontiert. Bei der Herstellung Ihrer Produkte wissen Sie nicht genau, zu welchem Preis Ihre Konkurrenz ihre Ware anbieten wird, ob und in welcher Menge Sie Ihre Ware verkaufen und Ihre Kosten decken können bzw. Gewinn oder Verlust machen werden. Da Sie keine vollständigen Informationen über momentane und zukünftige Entwicklungen haben können, sind Sie gezwungen, Ihre Entscheidungen mit einem gewissen Risiko zu treffen. In den Wirtschaftswissenschaften spricht man von Risiko, wenn ein in der Zukunft liegendes Ereignis von dem erwarteten Ergebnis dieses Ereignisses abweicht. Die Abweichung von dem erwarteten Ergebnis kann dabei positiv oder negativ sein. Weicht das Ergebnis positiv von dem erwarteten Ergebnis ab, wird es auch als Chance bezeichnet. Ein Risiko kann hoch oder niedrig sein. Das ist abhängig von der Wahrscheinlichkeit, mit der ein bestimmtes Ergebnis eines Ereignisses eintreten kann oder nicht. Wahrscheinlichkeiten kann man mathematisch berechnen. Man gibt in Prozent an, mit welcher Wahrscheinlichkeit ein Risiko eintreten könnte.

Modalverben zum Ausdruck von Wahrscheinlichkeiten

Aufgabe 6.1

Stellen Sie sich folgendes Szenario vor: Sie führen auf der Insel ein Unternehmen, das Kokos-Chips herstellt. Für die Herstellung der Kokos-Chips wird das Fruchtfleisch der Kokosnüsse in der Sonne getrocknet. Je länger Sie die Kokos-Chips in der Sonne trocknen lassen, desto knuspriger sind die Chips und desto länger sind sie haltbar. Es ist aber nicht sicher, dass immer die Sonne scheint. Es könnte auch regnen. Je länger Sie die Kokos-Chips zum Trocknen draußen liegen lassen, desto größer ist das Risiko, dass es regnet und die Kokos-Chips nass und ungenießbar werden. Sie müssen sich also zwischen zwei Möglichkeiten entscheiden:

Möglichkeit M1: Sie holen die Kokos-Chips früh ins Haus.
Möglichkeit M2: Sie lassen die Kokos-Chips weiter draußen trocknen.

Für welche Möglichkeit Sie sich entscheiden, hängt davon ab, wie hoch die Wahrscheinlichkeit ist, dass es regnet. Wenn man über Wahrscheinlichkeiten spricht, kann man das mit Hilfe von Modalverben ausdrücken. Dabei unterscheidet man, ob etwas sicher, wahrscheinlich oder nur möglich ist.

Grad der Sicherheit	Modalverb
möglich	können (Konjunktiv II)
wahrscheinlich	dürfen (Konjunktiv II), können
sicher	müssen, nicht können

Diskutieren Sie mit Ihrem Partner, was bei einer Regen-Wahrscheinlichkeit von 100%/90%/50%/0% passieren wird und für welche Möglichkeit M1 oder M2 Sie sich jeweils entscheiden würden.

Bei einer Regen-Wahrscheinlichkeit von 100% **muss** es regnen.

Ja, das stimmt. Und bei einer Regen-Wahrscheinlichkeit von 90%...

Wahrscheinlichkeiten in der Kosten-Nutzen-Analyse

Aufgabe 6.2

Für unsere Entscheidung in Aufgabe 6.1 ist nicht nur die Regen-Wahrscheinlichkeit wichtig, sondern auch der Nutzen, den wir von unserem Ergebnis erwarten. Wir bezeichnen ihn kurz als u von E (u für utility und E für Ergebnis), geschrieben u(E). In der Tabelle sehen Sie den Nutzen, den wir in Abhängigkeit von unserem Ergebnis E1, E2, E3 und E4 durch die Kokos-Chips haben, in der orangefarbenen Spalte. Die beiden Möglichkeiten M1 und M2 sehen Sie in der grauen Spalte. Wenn wir die Kokos-Chips früh reinholen (M1), ist der erwartete Nutzen unabhängig davon, ob es regnet oder nicht regnet. Der Nutzen ist immer u(50) = u(50). Wenn wir aber die Kokos-Chips weiter draußen trocknen lassen (M2), dann ist das Ergebnis E3=10 oder E4=100 und damit auch der erwartete Nutzen von der Regenwahrscheinlichkeit p abhängig.

Möglichkeit M	Ergebnis E		erwarteter Nutzen u
	Regen p	kein Regen (1-p)	
M1: Kokos-Chips früh reinholen	E1 = 50 nicht ganz knusprige Chips	E2 = 50 nicht ganz knusprige Chips	u(E1) = u(E2) u(50) = u(50)
M2: Kokos-Chips weiter draußen trocknen lassen	E3 = 10 nasse Chips	E4 = 100 optimal knusprige Chips	u(E3) · p + u(E4) · (1-p) = ???

Wir suchen also den erwarteten Nutzen für die Situation **M2** (Zeile 2). Wir können ihn mit der gegebenen Formel für den zu erwarteten Nutzen u berechnen:

$$u(E3) \cdot p + u(E4) \cdot (1\text{-}p)$$

Der erwartete Nutzen u von E3 mal p, plus der erwartete Nutzen u von E4, mal in Klammern 1 minus p.

Bei einer Regen-Wahrscheinlichkeit von 90% können wir sagen, es wird zu 90% regnen und zu 10% nicht regnen. Für das Ergebnis E ‚Regen' gilt dann p = 90% oder p = 0,9 und für das Ergebnis ‚kein Regen' (1-p) = 10% oder p = 0,1. Wir berechnen dann:

$$u(10) \cdot 0{,}9 + u(100) \cdot 0{,}1 = u(19)$$

Der Nutzen von 10 mal 0 Komma 9, plus der Nutzen von 100 mal null Komma 1, ist gleich dem Nutzen von 19.

Wenn wir den erwarteten Nutzen von M1 mit dem erwarteten Nutzen von M2 vergleichen, sehen wir:

$$u(50) > u(19)$$

Der erwartete Nutzen von 50 ist größer als der erwartete Nutzen von 19.

Bei einer Regen-Wahrscheinlichkeit von 90% würden wir uns für M1 entscheiden, also die Kokos-Chips reinholen, weil der erwartete Nutzen von M1 größer als der erwartete Nutzen von M2 ist.

a) Berechnen Sie wie im Beispiel den erwarteten Nutzen für M2 bei einer Regen-Wahrscheinlichkeit von 100%/50%/0%. Sprechen Sie wie in den Sprechblasen. Für welche Möglichkeit M1 oder M2 würden Sie sich jeweils entscheiden?
b) Wie hoch darf die Regen-Wahrscheinlichkeit höchstens sein, damit es sich gerade noch lohnt, die Kokos-Chips draußen weiter trocknen zu lassen?

SWOT-Analyse

Sie wissen nun, dass jedes Unternehmen Risiken ausgesetzt ist und dass Sie Risiken stets in Ihre Kosten-Nutzen-Analyse mit einplanen müssen. Es ist daher für jedes Unternehmen wichtig, so viele Risiken wie möglich zu identifizieren, zu messen und zu analysieren sowie geeignete Maßnahmen zu entwickeln, falls ein unerwünschtes Ergebnis eintreffen sollte. Man nennt diese Vorgehensweise in der Ökonomie auch das Risikomanagement. Das Risikomanagement kann Risiken nicht eliminieren. Das ist auch nicht das Ziel eines erfolgreichen Risikomanagements, weil sonst wichtige Chancen ungenutzt bleiben würden. Mit Hilfe des Risikomanagements soll aber ein möglichst optimales Verhältnis zwischen Chancen und Risiken für ein Unternehmen bestimmt werden.

Ein erster Schritt im Risikomanagement kann die Durchführung einer SWOT-Analyse sein. Das Wort SWOT ist eine Abkürzung für die englische Bezeichnung S= Strengths (Stärken), W=Weaknesses (Schwächen), O= Opportunities (Chancen), T= Threats (Risiken). Für die SWOT-Analyse spielen externe und interne Faktoren eine wichtige Rolle. Die Stärken und Schwächen eines Unternehmens gehören zu den internen Faktoren, die Chancen und Risiken bezeichnet man als die externen Faktoren.

Aufgabe 6.3

Suchen Sie gemeinsam mit Ihrem Partner Beispiele für …

a) Interne Stärken eines Unternehmens (z.B. kompetente Mitarbeiter)
b) Interne Schwächen eines Unternehmens (z.B. hohe Kosten)
c) Externe Chancen eines Unternehmens (z.B. neue Technologien)
d) Externe Risiken eines Unternehmens (z.B. neue Konkurrenten)

In der SWOT-Analyse werden die Stärken und Schwächen eines Unternehmens den Chancen und Risiken gegenübergestellt. Dadurch ergibt sich eine Matrix:

	Interne Analyse	
Externe Analyse	Stärken	Schwächen
	Chancen	Risiken

Aufgabe 6.4:
Wählen Sie mit dem ganzen Kurs ein Unternehmen aus. Sie können ein Unternehmen aus Deutschland oder aus einem Ihrer Heimatländer nehmen. Wichtig ist, dass alle Kursteilnehmenden dieses Unternehmen kennen. Führen Sie mit dem ganzen Kurs eine SWOT-Analyse für dieses Unternehmen durch. Beachten Sie für die Aufgabe folgende Schritte:

a) Recherchieren Sie zunächst allgemeine Informationen zu dem Unternehmen. Sie können dazu die Website des Unternehmens konsultieren. Schreiben Sie ein kurzes Porträt. Die Redemittel in der Box helfen Ihnen.

> Die Firma __________ ist ein kleines/ mittelständisches/ großes /internationales Unternehmen.
> __________ ist ein Unternehmen der __________________ Branche.
> __________ produziert/vertreibt/handelt mit ________________________.
> __________ hat seinen Hauptsitz in _________.
> Es gibt weitere Standorte/Filialen/Niederlassungen in _____________.
> ___________ wurde im Jahr __________ gegründet.
> Die Geschäftsleitung ist ____________.
> Das Unternehmen beschäftigt ______________ Mitarbeiterinnen und Mitarbeiter in Deutschland/__________/weltweit.
> Im Jahr ___________ betrug der Umsatz des Unternehmens _____________ €/$.
> ______________ ist spezialisiert auf ________________.
> Das bekannteste Produkt ist ______________.
> Zu der Zielgruppe des Unternehmens gehören ________________.

b) Bilden Sie anschließend vier Expertengruppen: je eine zu den Stärken, Schwächen, Chancen und Risiken. In jeder Gruppe müssen mindestens 4 Personen sein.

c) Analysieren Sie für das Unternehmen einen der vier Bereiche (Stärken, Schwächen, Chancen oder Risiken) gemeinsam in Ihrer Expertengruppe. Nutzen Sie dazu die Fragen auf den Expertenkarten (Anhang 6.4). Recherchieren Sie die Informationen im Internet.

Anhang 6.4

d) Bilden Sie nun gemischte Gruppen, d.h. in jeder Gruppe gibt es einen Experten für die Stärken, Schwächen, Chancen und Risiken des Unternehmens. Diskutieren Sie untereinander:
- Stärken–Chancen: Aus welchen Stärken können sich neue Chancen ergeben?
- Schwächen–Chancen: Welche Schwächen müssen abgebaut werden, damit das Unternehmen neue Chancen nutzen kann?

- Stärken–Risiken: Welche Stärken kann das Unternehmen nutzen, um sich gegen Risiken abzusichern?
- Schwächen–Risiken: Welche Schwächen sollte das Unternehmen abbauen, damit sich keine Risiken daraus ergeben?

e) Erstellen Sie ein Plakat mit den Ergebnissen der SWOT-Analyse und den wichtigsten Informationen zum Unternehmen und vergleichen Sie die Ergebnisse im Plenum. Diskutieren Sie, wie hilfreich Sie die SWOT-Analyse als ein Instrument zur Bewertung von Chancen und Risiken für ein Unternehmen finden.

Das Szenario in Kapitel 6 hat Ihnen gezeigt, dass Chancen und Risiken bei wirtschaftlichen Entscheidungen berücksichtigt werden müssen. Für den Erfolg eines Unternehmens ist es wichtig, Risiken zu erkennen und eventuell auszuschalten sowie Chancen wahrzunehmen.

In diesem Kapitel haben Sie gelernt …

Grammatik:
Wahrscheinlichkeiten mit Hilfe von Modalverben auszudrücken:
„Bei einer Regen-Wahrscheinlichkeit von 100% **muss** es regnen."

Grad der Sicherheit	Modalverb
möglich	können (Konjunktiv II)
wahrscheinlich	dürfen (Konjunktiv II), können
sicher	müssen, nicht können

Redemittel:
über die Größe eines Unternehmens sprechen: ein kleines/mittelgroßes/großes/internationales Unternehmen, ein Unternehmen beschäftigt … Mitarbeiterinnen und Mitarbeiter, der Umsatz des Unternehmens beträgt … €/$
über die Branche und das Produkt sprechen: ein Unternehmen verkauft/vertreibt/handelt mit …, das bekannteste Produkt des Unternehmens ist …, das Unternehmen ist in der … Branche tätig
geografische Angaben zum Unternehmen geben: ein Unternehmen hat seinen Hauptsitz in …, es gibt weitere Standorte/ Filialen/ Niederlassungen in …

Fachwortschatz:
- das Risiko/Risiken: ein in der Zukunft liegendes Ereignis weicht von dem erwarteten Ergebnis dieses Ereignisses ab
- das Risikomanagement: Vorgehensweise in der Ökonomie, bei der man Risiken identifiziert, misst und analysiert sowie Maßnahmen entwickelt, die man einsetzen kann, falls ein unerwünschtes Ergebnis eintritt
- die Chance/-n: das tatsächliche Ergebnis von einem in der Zukunft liegenden Ereignis weicht positiv von dem erwarteten Ergebnis ab
- die SWOT-Analyse: eine Analyse zur Messung von Stärken, Schwächen, Chancen und Risiken

7. Alles im Gleichgewicht? Wirtschaftliches Handeln bedarf der Koordination

In diesem Kapitel lernen Sie

fachlich,
- dass wirtschaftliches Handeln durch Märkte bestimmt wird.
- dass sich auf vollkommenen Märkten ein Gleichgewicht zwischen Angebot und Nachfrage einstellt.
- dass ein fairer Wettbewerb die Voraussetzung für ein optimales Marktergebnis ist.

sprachlich,
- verschiedene Formen von Konditionalsätzen.
- Redemittel zur Beschreibung der Grafik zum Marktgleichgewicht.

hinsichtlich Methoden und Lernstrategien,
- eine Grafik zu zeichnen und zu beschreiben.
- die Bedeutung und Funktion von Modellen einzuschätzen.

In Kapitel 5 haben Sie als ein Produzent von Kokos-Smoothies bereits gesehen, dass Sie durch Berechnung der fixen und variablen Kosten ermitteln konnten, welchen Preis Sie mindestens verlangen mussten, um Ihre Kosten zu decken. Allerdings war für Sie auch wichtig, wie viele Aufträge Sie erhalten haben, d.h. wie viele Kokos-Smoothies Sie tatsächlich verkaufen konnten. Das hing davon ab, wie hoch Ihr Preis war und der Preis Ihrer Konkurrenten. Als Produzent haben Sie das Angebot an Kokos-Smoothies bereitgestellt. Ihr Spielleiter hat die Gruppe der Konsumenten repräsentiert, also die Nachfrage nach Kokos-Smoothies. Als Konsument ist der Preis der Kokos-Smoothies ebenfalls entscheidend. Der Spielleiter hat bei dem Unternehmen am meisten gekauft, das den günstigsten Preis hatte. Beides, das Angebot und die Nachfrage, lassen sich mathematisch darstellen, z.B. durch eine Grafik. Schauen Sie nachfolgend, wie sich beispielhaft die Grafik zur Darstellung der Nachfrage herleiten lässt.

Nachfrage

Aufgabe 7.1

Bilden Sie Gruppen mit jeweils drei Personen.

a) Machen Sie eine Umfrage in Ihrer Gruppe. Fragen Sie die anderen:
- „Wie viele Kokos-Smoothies würdet ihr maximal trinken, wenn ihr nichts für die Smoothies bezahlen müsstet?“
- „Wie viel würdet ihr maximal für eine Flasche Kokos-Smoothie bezahlen (zwischen 1 und 5 €)?“

b) Tragen Sie die Ergebnisse in die Tabelle ein.

Name:	1)	2)	3)
Maximale Menge an Smoothies			
Maximaler Preis für einen Smoothie			

c) Zeichnen Sie die Ergebnisse aus der Tabelle in die drei Grafiken ein. Verbinden Sie die Punkte jeweils zu einer Geraden und verlängern Sie die Geraden bis zu den jeweiligen Achsen.

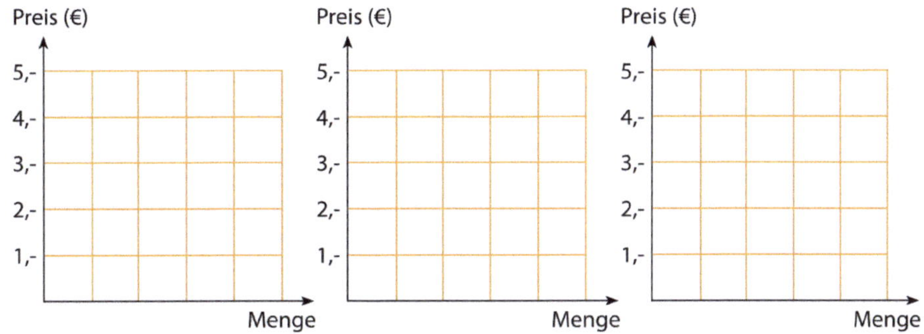

d) Überlegen Sie gemeinsam in der Gruppe: Wie könnte eine Gerade bzw. Kurve aussehen, die die Nachfrage von allen Personen in der Gruppe zusammen darstellt? Gehen Sie dabei folgendermaßen vor:

1. Tragen Sie die nachgefragten Mengen für jede Person aus Ihrer Gruppe in die Tabelle ein. Die Werte können Sie aus den drei individuellen Nachfragekurven ablesen.
2. Addieren Sie die nachgefragte Menge von allen drei Personen zur gesamten Nachfrage.
3. Zeichnen Sie aus den Werten der gesamten Nachfrage die neue Nachfragekurve in das Diagramm unten ein.

Preis	1)	2)	3)	Gesamte Nachfrage
0 €				
1 €				
2 €				
3 €				
4 €				
5 €				

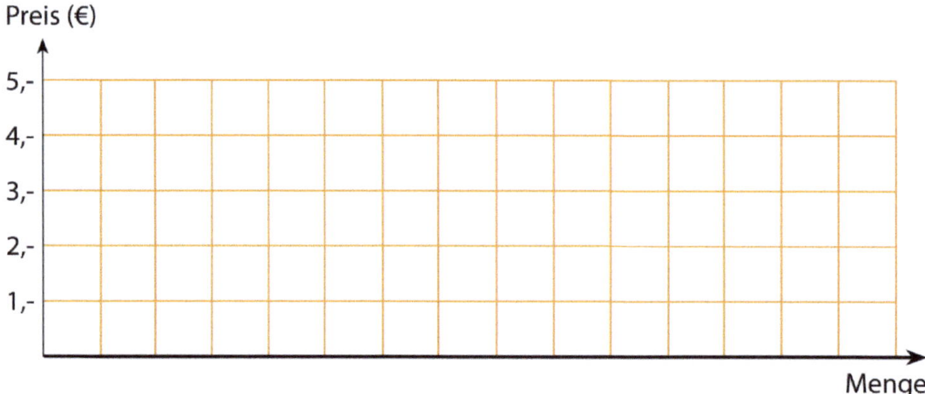

In Aufgabe 7.1 haben Sie drei verschiedene Grafiken für Ihre individuelle Nachfrage und die Ihrer Gruppenmitglieder gezeichnet. Diese Grafiken nennt man die individuelle Nachfragekurve. Die Grafik für die Nachfrage Ihrer gesamten Gruppe nennt man die aggregierte Nachfragekurve. Sie zeigt, wie viel alle Konsumenten bereit sind, für eine bestimmte Menge an Kokos-Smoothies zu bezahlen. In der nachfolgenden Grafik sehen Sie die aggregierte Nachfragekurve für den Kokos-Smoothie-Markt auf der Insel zusammen mit der aggregierten Angebotskurve aller Produzenten.

Marktgleichgewicht

Aufgabe 7.2

Lesen Sie den folgenden Text und beschriften Sie die Grafik mit den Begriffen aus der Box. Markieren Sie die Stellen im Text und in der Grafik, die zusammengehören, mit der gleichen Farbe.

Das Marktgleichgewicht und das Prinzip von Angebot und Nachfrage

Der Ort, an dem das Angebot und die Nachfrage aufeinandertreffen, ist der Markt. Auf dem Markt zeigt sich, welche Menge eines bestimmten Gutes zu welchem Preis von den Produzenten angeboten bzw. von den Konsumenten nachgefragt wird. Der Markt wird deshalb durch ein Preis-Mengen-Diagramm dargestellt. Die Menge eines Gutes wird auf der X-Achse, der Preis des Gutes wird auf der Y-Achse abgetragen. Für die Nachfragekurve gilt, dass die Konsumenten eine umso größere Menge des Gutes kaufen möchten, je niedriger der Preis für das Gut ist. Die Nachfragekurve hat deshalb einen fallenden Verlauf. Die Angebotskurve stellt dar, welche Menge eines Gutes die Produzenten zu einem bestimmten Preis anbieten. Bei einem höheren Preis sind die Produzenten bereit, eine größere Menge des Gutes anzubieten. Die Angebotskurve hat daher einen steigenden Verlauf.

Der Schnittpunkt von Nachfrage- und Angebotskurve gibt an, auf welchen Preis sich die Konsumenten und Produzenten einigen. Zu diesem Preis sind die Produzenten bereit, ihre Ware zu verkaufen und die Konsumenten bereit, die Ware zu kaufen. Man nennt diesen Preis auch den Gleichgewichtspreis. Zu diesem Preis ist die nachgefragte Menge genauso hoch wie die angebotene Menge. Man spricht daher von der Gleichgewichtsmenge. Im Schnittpunkt von Angebots- und Nachfragekurve kommt es zu einem Marktgleichgewicht.

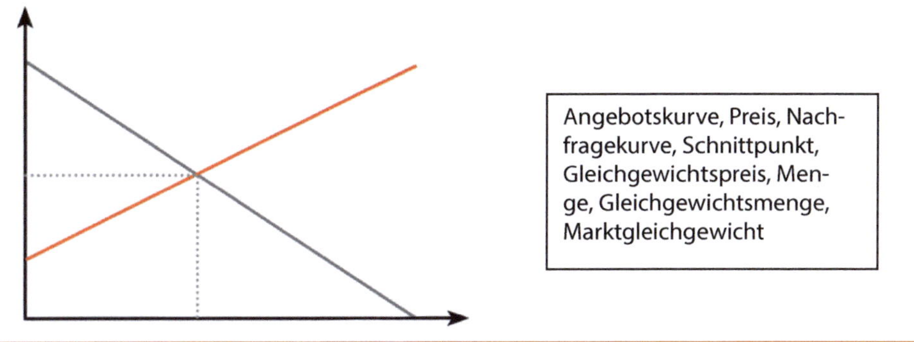

Verschiedene Ereignisse auf dem Markt können dazu führen, dass sich das Angebot und die Nachfrage verändern. Diese Veränderungen haben einen Einfluss auf den Gleichgewichtspreis und die Gleichgewichtsmenge.

Veränderung von Angebot und Nachfrage

Aufgabe 7.3

Das Wetter auf der Insel ist sehr schlecht, so dass die Ernte an Kokosnüssen in einem Jahr sinkt. Die Kokosnüsse werden teurer und die Produzenten können nur noch eine geringere Menge Kokos-Smoothies zum gleichen Preis produzieren. Lesen Sie in der Sprechblase, wie sich das Marktgleichgewicht verändert und zeichnen Sie!

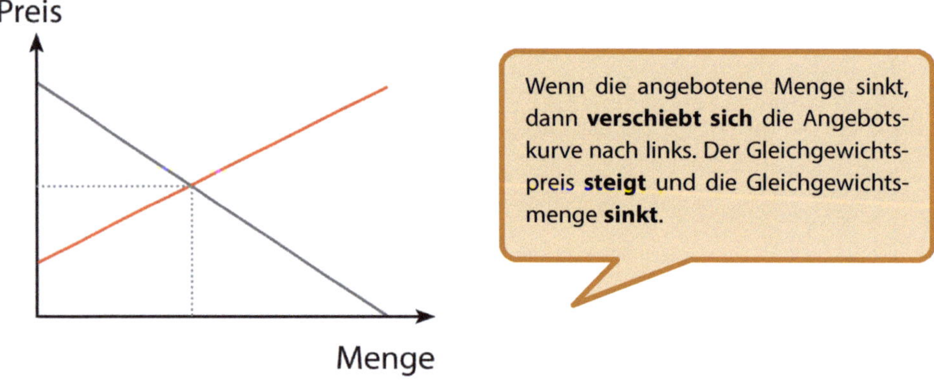

Aufgabe 7.4

Auf der Insel gibt es einen neuen Produzenten, der Ananas-Smoothies herstellt und verkauft. Die Nachfrage nach Kokos-Smoothies geht dadurch zurück. Schauen Sie sich die Veränderung der Grafik an und vervollständigen Sie die Sprechblase.

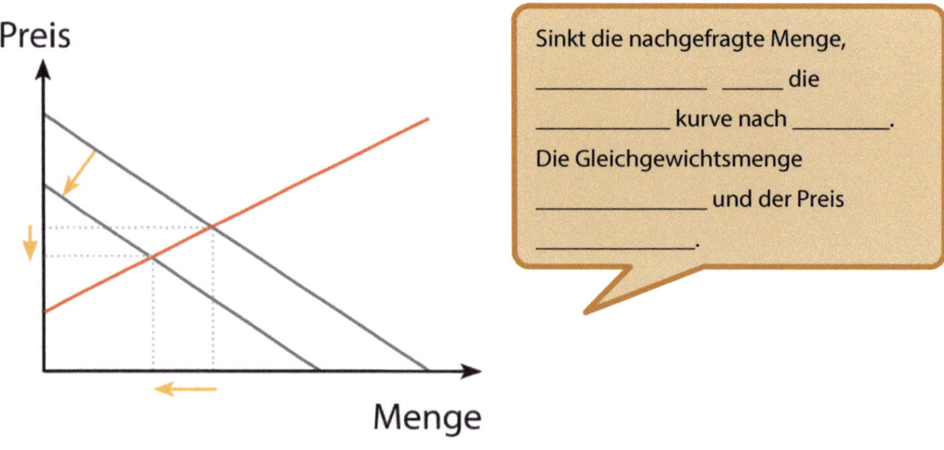

Aufgabe 7.5

Zeichnen Sie die Veränderung der Angebots- bzw. Nachfragekurve für die beiden folgenden Situationen. Beschreiben Sie die Prozesse mündlich, wie in den Sprechblasen vorgegeben.

a) Die Produzenten entwickeln eine neue Technologie. Dadurch können sie ihre Kosten bei der Produktion von Kokos-Smoothies senken und eine größere Menge zum gleichen Preis anbieten.
b) Es gibt einen besonders heißen Sommer. Die Nachfrage nach frischen, kühlen Getränken steigt und die Bewohner der Insel kaufen mehr Kokos-Smoothies.

Konditionalsätze

Die Aufgaben 7.3, 7.4 und 7.5 haben gezeigt, was passiert, wenn sich die Bedingungen auf dem Markt verändern. Im Deutschen gibt es verschiedene Möglichkeiten, Bedingungen auszudrücken. Eine Möglichkeit ist die Bildung von Konditionalsätzen mit den Konjunktionen **wenn ... dann**, **falls** und **sofern**. In wissenschaftlichen Texten werden Konditionalsätze oftmals verkürzt dargestellt. Sie sind dann nur schwer zu erkennen.

Aufgabe 7.6

Vergleichen Sie beide Sätze aus den Sprechblasen aus Aufgabe 7.3 und 7.4.
a) Welche Unterschiede können Sie bemerken?
b) Wo befindet sich in den beiden Sätzen das Verb?

Wenn die angebotene Menge sinkt, dann verschiebt sich die Angebotskurve nach links.

Sinkt die nachgefragte Menge, verschiebt sich die Nachfragekurve nach links.

Wichtig:
In verkürzten Konditionalsätzen werden die Konjunktionen weggelassen. Das Verb steht dann auf Position 1 im Satz.

c) Schreiben Sie zu den Situationen in Aufgabe 7.5 verkürzte Konditionalsätze. Achten Sie auf die Position des Verbs.

Aufgabe 7.7

Bedingungen können auch durch eine konditionale Angabe mit Präposition + Nomen ausgedrückt werden. Lesen Sie dazu noch einmal folgenden Satz über das Marktgleichgewicht:

> Bei einem höheren Preis sind die Produzenten bereit, eine größere Menge des Gutes anzubieten.

a) Welche Präposition leitet die konditionale Angabe ein? Mit welchem Kasus steht sie?
b) Formulieren Sie den Satz in einen Konditionalsatz mit **wenn ... dann** um.
c) Formulieren Sie die Konditionalsätze aus Aufgabe 7.6 in konditionale Angaben mit Präposition + Nomen um.

Beispiel: *Bei einer Senkung der angebotenen Menge, verschiebt sich die Nachfragekurve nach links.*

> **Wichtig:**
> Konditionale Angaben können durch die Präpositionen **bei** (Dativ), **mit** (Dativ), **durch** (Akkusativ), **ohne** (Akkusativ), **im Falle** (Genitiv) und **im Falle von** (Dativ) + Nomen gebildet werden.

Das Marktgleichgewicht und das Prinzip von Angebot und Nachfrage stellen ein Modell dar. In der Ökonomie wird oft mit Modellen gearbeitet. Sie verdeutlichen einen ökonomischen Zusammenhang auf eine einfache Art und Weise. Dabei müssen sie bewusst gewisse Einzelheiten der wirtschaftlichen Realität vernachlässigen, um sich auf das Wesentliche konzentrieren zu können. Das Modell des Marktgleichgewichtes beschreibt daher nicht das tatsächliche Verhalten der Produzenten und Konsumenten am Markt, sondern das ideale Verhalten. Damit sich die Teilnehmer am Markt ideal verhalten können, müssen bestimmte Bedingungen erfüllt sein.

Aufgabe 7.8

Diskutieren Sie im Plenum kritisch das Modell des Marktgleichgewichtes:

a) Welche Aspekte der wirtschaftlichen Realität vernachlässigt das Modell?
b) Welche Bedingungen müssen erfüllt sein, damit das Modell des Marktgleichgewichts gilt?

Wettbewerb

Eine der Bedingungen, die Sie vielleicht gefunden haben, ist ein funktionierender Wettbewerb. Für einen funktionierenden Wettbewerb muss eine vollständige Konkurrenz zwischen den Marktteilnehmern herrschen. Ist diese nicht gegeben, ist die Koordination des Marktes gestört.

Aufgabe 7.9

Stellen Sie sich vor, Sie wollen mit Ihren Lernkollegen eine Präsentation zum Thema Wettbewerb halten. Zur Vorbereitung auf die Präsentation diskutieren Sie das Thema in Ihrer Gruppe. Hören Sie die Diskussion und vervollständigen Sie die PowerPoint-Folie.

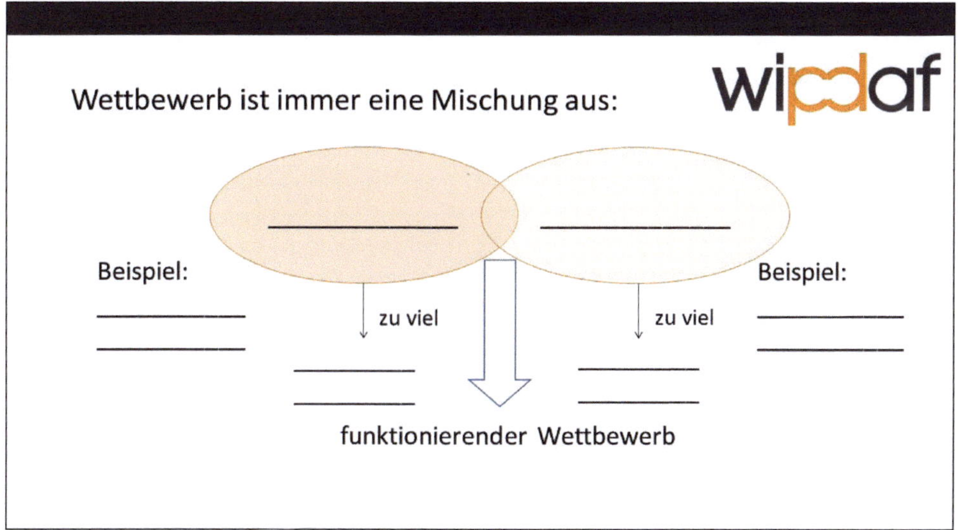

Aufgabe 7.10

Bilden Sie Gruppen. Jede Gruppe erhält eine Rollenkarte (siehe Anhang 7.10) mit einer Situation.

Anhang 7.10

a) Schreiben Sie zu Ihrer Situation einen Dialog und spielen Sie ihn im Plenum vor.
b) Die Zuschauer raten, ob es sich jeweils um ein Kartell, eine Fusion, ein Preisdumping oder um Spionage handelt.
c) Überlegen Sie gemeinsam im Plenum, wie sich die vorgestellte Situation auf die Wohlfahrt der Konsumenten und Produzenten auswirkt.

Aufgabe 7.11

Diskutieren Sie gemeinsam im Plenum:

a) Welche Maßnahmen kann man ergreifen, um einen fairen Wettbewerb zu garantieren?
b) Welche Rolle spielt der Staat in diesem Zusammenhang?
c) Welche Maßnahmen in Deutschland und in Ihrem Heimatland kennen Sie, die einen fairen Wettbewerb sichern sollen?

In Kapitel 7 wird deutlich, dass der Preismechanismus ein natürliches Gleichgewicht von Angebot und Nachfrage auf Märkten herstellt. Allerdings müssen dafür verschiedene Bedingungen erfüllt sein wie z.B. ein funktionierender Wettbewerb, vollständige Informationen aller Marktteilnehmer und eine vergleichbare Qualität der Güter. Man spricht deshalb auch von einem vollkommenen Markt. Da man in der Realität jedoch nicht von vollkommenen Märkten ausgehen kann, bedarf es einer Koordination durch den Staat, um Ungleichheit in einer Volkswirtschaft zu verhindern. Erfahren Sie mehr zum Thema Ungleichheit im nachfolgenden Kapitel.

In diesem Kapitel haben Sie gelernt …

Grammatik:
Über Bedingungen mit Hilfe von Konditionalsätzen und konditionalen Angaben zu sprechen:

Konditionalsätze (mit oder ohne Konjunktion **wenn, falls, sofern**)	Konditionale Angaben (Präposition + Nomen)
Wenn die angebotene Menge sinkt, **dann** verschiebt sich die Angebotskurve nach links.	**Bei einem höheren Preis** sind die Produzenten bereit, eine größere Menge des Gutes anzubieten.
Sinkt die nachgefragte Menge, verschiebt sich die Nachfragekurve nach links.	

Redemittel zur Beschreibung einer Grafik:
Auf der X-Achse/Y-Achse wird … abgetragen.
Die Grafik hat einen steigenden/fallenden Verlauf.
Der Schnittpunkt zwischen beiden Kurven gibt an …
Im Schnittpunkt zwischen beiden Kurven liegt …
Die Angebotskurve/Nachfragekurve verschiebt sich nach links/rechts.
Der Preis/die Menge steigt/sinkt.

Fachwortschatz:
- das (individuelle/aggregierte) Angebot: die Menge an Gütern, die (von einem bzw. von allen Unternehmen) zum Verkauf angeboten wird
- die Nachfrage: der am Markt durch Kaufkraft geäußerte Wunsch, Güter zu erwerben
- der lautere/unlautere Wettbewerb: der (un)faire Wettbewerb
- das Marktgleichgewicht: der Schnittpunkt von Angebots- und Nachfragefunktion
- der Gleichgewichtspreis: der Preis im Marktgleichgewicht, zu dem die meisten Produzenten bereit sind, ihre Ware zu verkaufen und die meisten Konsumenten bereit sind, die Ware zu kaufen
- die Gleichgewichtsmenge: die nachgefragte Menge ist genauso hoch wie die angebotene Menge
- die Fusion: der Zusammenschluss von Unternehmen
- das Kartell: die Preisabsprache zwischen Unternehmen
- das Preisdumping: das Angebot von Produkten unterhalb der Produktionskosten

8. Wirtschaftliches Handeln führt zu Ungleichheit

In diesem Kapitel lernen Sie

fachlich,

- Ursachen für Ungleichheit und ihre grafische Darstellung durch die Lorenzkurve kennen.
- Marktformen auf unvollkommenen Märkten (Monopole, Oligopole, Polypole) zu unterscheiden.
- wie die Machtkonzentration durch Kartelle den Markt beeinflusst.

sprachlich,

- Redemittel zum Beschreiben und Vergleichen von Informationen aus Tabellen und Diagrammen.
- Kohäsionsmittel zum Verbinden von Satzteilen und Sätzen zu einem Text.

hinsichtlich Methoden und Lernstrategien,

- einen zusammenhängenden Text zu schreiben.
- eine Tabelle zusammen mit einem Text zu lesen.

In Kapitel 4 haben Sie sich bereits mit der Frage auseinandergesetzt, wie sich das Wirtschaften auf der Insel verändert, wenn Sie mit 1.000 anderen Menschen zusammen leben und arbeiten. Nicht alle Inselbewohner sind gleich. So ist auch das Leben auf der Insel von Unterschieden geprägt. Man kann zum Beispiel einige recht sicher wirkende Hütten finden und einige sehr provisorische. Einige Inselbewohner schlafen in selbst gebauten Hängematten, andere schlafen auf dem Boden. Manche Bewohner haben Werkzeuge hergestellt, manche haben Vorratskammern angelegt.

Ungleichheit

Aufgabe 8.1

Bilden Sie Gruppen und beantworten Sie folgende Fragen:

a) Finden Sie 5 Gründe für die Ungleichheit auf der Insel. Formulieren Sie ganze Sätze: *Beispiel: Einige Inselbewohner haben Werkzeuge hergestellt, weil sie …*
b) Übertragen Sie das Inselszenario auf das heutige Wirtschaftsleben. Welche Beispiele für Ungleichheit kennen Sie?

Sie haben gesehen, dass es viele Gründe für Ungleichheit gibt. Ein Beispiel ist die ungleiche Verteilung von Einkommen und Vermögen in einem Wirtschaftssystem. Einkommen ist ein Zustrom von finanziellen Mitteln, in der Regel Geld, dessen Gegenwert sich zum Beispiel durch Arbeit, Mieteinnahmen oder Zinseinnahmen ergibt. Vermögen sind finanzielle Mittel und Werte, die man bereits besitzt (beispielsweise durch Ersparnisse, in Form von Immobilien, ein Erbe). Sehen Sie sich die beispielhafte Darstellung der Einkommensverteilung im Detail an.

Aufgabe 8.2

Wenn jeder Mensch in einer Volkswirtschaft gleich viel besitzt, also das gesamte Vermögen gerecht in der Bevölkerung verteilt ist, dann haben 100% der Bevölkerung 100% des Vermögens (siehe oranger Punkt folgender Abbildung).

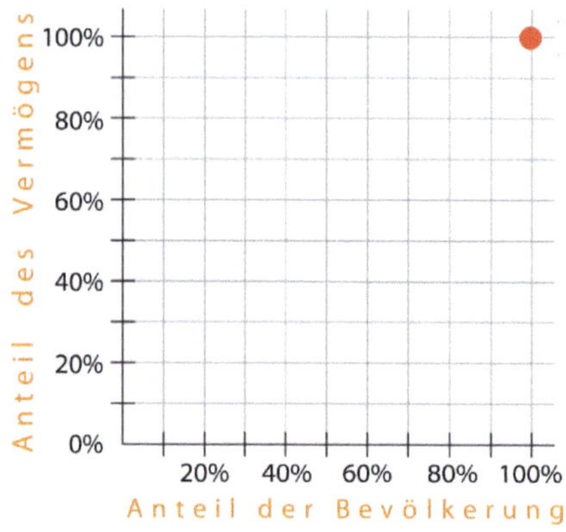

a) Zeichnen Sie die weiteren drei Punkte für 60%, 40% und 20% in die Abbildung ein und verbinden Sie alle Punkte zu einer Linie.

Die Gerade, die Sie gezeichnet haben, nennt man die Linie der perfekten Gleichverteilung. In der Realität sind das Vermögen bzw. das Einkommen innerhalb der Bevölkerung allerdings nicht gleich verteilt. Grafisch erkennt man das am besten anhand von einem Extrembeispiel. Angenommen, nur einem Prozent der Bevölkerung gehört das ganze Geld und die anderen 99% der Bevölkerung haben nur 1%.

b) Zeichnen Sie den neuen Punkt 99% der Bevölkerung besitzen 1% des Vermögens in die Abbildung ein und verbinden Sie ihn mit dem Nullpunkt. Markieren Sie die Fläche unterhalb der Linie der perfekten Gleichverteilung farbig.

Lorenzkurve

Weil die Einkommensverteilung in der Volkswirtschaft ein zentrales Thema ist, gibt es für die meisten Länder eine solche grafische Darstellung. Sie wird nach ihrem Entwickler, dem amerikanischen Ökonomen und Statistiker Otto Lorenz (1876-1959), als **Lorenzkurve**[1] bezeichnet. Je größer der Bereich unterhalb der Lorenzkurve ist, desto ungleicher ist auch die Verteilung des Einkommens und Vermögens in einer Gesellschaft. Je näher die Kurve an der x-Achse verläuft, desto weniger Menschen sind reich. Sehen Sie nachfolgend beispielhaft die Lorenzkurve für Deutschland.

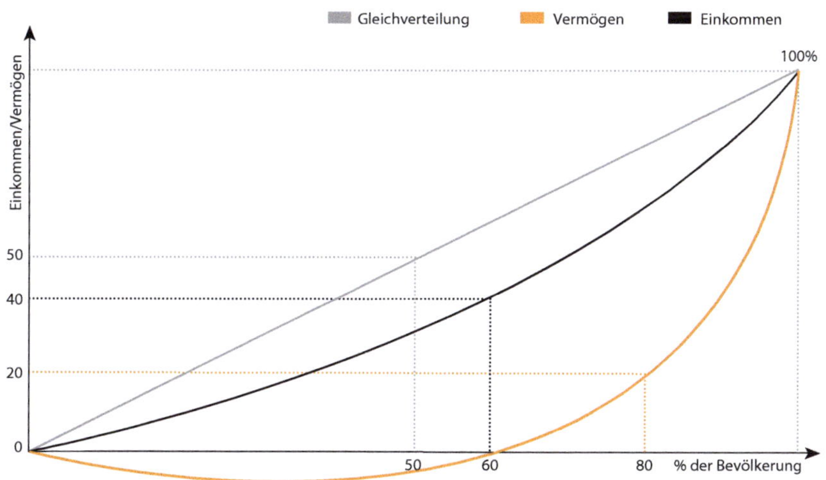

1 Herlyn, Estelle L. A. (2012): Einkommensverteilungsbasierte Präferenz- und Koalitionsanalysen auf der Basis selbstähnlicher Equity-Lorenzkurven: ein Beitrag zur Quantifizierung sozialer Nachhaltigkeit. Wiesbaden: Springer Gabler. Geleitwort von Prof. Harald Dyckhoff, Seite VII ff.

Grafikbeschreibungen

Aufgabe 8.3

Sprechen Sie gemeinsam mit Ihrem Partner über die Lorenzkurve.

a) Beschreiben Sie die Lorenzkurve für Deutschland mündlich. Die Redemittel und der Wortschatz aus Kapitel 7 helfen Ihnen.

b) Recherchieren Sie mit Ihrem Partner zusammen: Wie sieht die Lorenzkurve in Ihrem Heimatland aus? Wenn Sie aus demselben Heimatland kommen, suchen Sie sich bitte ein zweites Land Ihrer Wahl aus. Beschreiben Sie die Grafik Ihrem Partner mündlich. Ihr Partner versucht, die Grafik nach Ihrer Beschreibung zu skizzieren.

c) Vergleichen Sie anschließend mündlich die Kurven mit den Kurven von Deutschland. Welche Gemeinsamkeiten und Unterschiede sehen Sie?

Die … Kurve aus … sieht ähnlich / genauso / ganz anders aus als die deutsche Lorenzkurve. Der Abstand zwischen der Linie der perfekten Gleichverteilung und der Kurve ist viel größer / kleiner / gleich. Die Steigung verläuft flacher / steiler als …
Die … Kurve liegt unterhalb / flach oberhalb der x-Achse.

In geschriebenen Texten ist es, anders als bei der mündlichen Beschreibung, sehr wichtig, Schaubilder und Tabellen immer in einen größeren Zusammenhang zu setzen und alle Details genau zu erklären. Daher müssen Sie in Ihrem Text immer schreiben, was die wesentlichen Merkmale der Grafik sind, was sie darstellt und welche Besonderheiten sie aufweist. Nennen Sie auch die Schlüsse, die Sie aus den Informationen der Grafik ziehen können. Die nachfolgende Aufgabe zeigt Ihnen Schritt für Schritt, wie Sie vorgehen können.

Aufgabe 8.4

Wählen Sie eine Lorenzkurve aus und beschreiben Sie sie schriftlich. Orientieren Sie sich an folgender Struktur. Die Redemittel helfen Ihnen.

I. Einleitungssatz
(Thema, Quelle, Bezeichnung der Achsen, Bezeichnung der Kurven)

Das Thema der Grafik lautet … / Tabelle 2 zeigt … / Die Abbildung informiert über…
Die Quelle ist …
Auf der X-Achse / Y-Achse wird … dargestellt / abgetragen.
Die Kurve / Gerade stellt … dar.

II. Hauptteil
1) Linie der perfekten Gleichverteilung
2) Einkommenslinie / Vermögenslinie

Die Linie der perfekten Gleichverteilung ist eine Orientierungslinie und zeigt ....
Die ... Kurve verläuft unterhalb des Nullpunkts. Das bedeutet, dass ... Prozent der Menschen ein negatives Vermögen, also Schulden haben.
Auf der Einkommenskurve lässt sich ablesen, dass ...
Die Vermögenskurve ist weiter von der Gleichverteilungslinie entfernt als die Einkommenskurve. Daran kann man sehen, dass ...

III. Schluss
Vergleich von Einkommens- und Vermögensverteilung. Was ist ungleicher verteilt: Das Einkommen oder das Vermögen?

Zusammenfassend kann man sagen, dass die Kurve / Gerade ...
Daraus lässt sich folgende Schlussfolgerung ziehen: ...

Damit bei der Beschreibung der Grafik ein zusammenhängender Text entsteht, müssen Sie die einzelnen Sätze sinnvoll miteinander verbinden. So erhält der Text eine innere Struktur und kann besser verstanden werden. Um diesen Textzusammenhang herzustellen, stehen Ihnen verschiedene grammatische Möglichkeiten zur Auswahl.

Kohäsionsmittel

Aufgabe 8.5

Wörter, die einen Textzusammenhang herstellen, nennt man Kohäsionsmittel. Wiederholen Sie die Kohäsionsmittel.

a) Lesen Sie die folgenden Sätze und unterstreichen Sie die Wörter, die die Sätze miteinander verbinden:
   1. Thema der Grafik ist die Verteilung des Einkommens und Vermögens in Deutschland. Die Quelle dieser Grafik ist das statistische Bundesamt.
   2. Die Gerade stellt die Linie der perfekten Gleichverteilung dar. Sie verläuft durch den Nullpunkt und endet, wo 100% der Bevölkerung auch 100% des Vermögens besitzen.
   3. Die Vermögenskurve ist weiter von der Linie der perfekten Gleichverteilung entfernt als die Einkommenskurve. Deshalb ist das Vermögen ungleichmäßiger verteilt als das Einkommen.
   4. Fast 60 % der Menschen haben Schulden. Das sieht man daran, dass die Vermögenskurve unterhalb der x-Achse verläuft.
   5. Rechts neben der Linie der perfekten Gleichverteilung verläuft eine orangefarbene Kurve. Daneben befindet sich eine schwarze Kurve.

b) Lesen Sie die Sätze aus a) ein zweites Mal und ordnen Sie die unterstrichenen Wörter den Kohäsionsmitteln in der Tabelle zu.

Kohäsionsmittel	Beispiele
Artikelwörter: wiederholen ein Wort	der, das, die, dieser, dieses, diese, sein, seine
Pronomen: verweisen auf Nomen, Satzteile oder ganze Sätze	er, sie, es, dieser, diese, dieses, seiner, seine, seines, …
Konjunktionen: nennen Gründe, Gegengründe, Einschränkungen etc.	da, weil, deshalb, obwohl, trotzdem, nachdem, als, …
Orts- und Zeitangaben: bilden einen räumlichen und zeitlichen Kontext	hier, da, dort, oben, unten, zuerst, dann, gestern, heute, …
Präpositionaladverbien: beziehen sich auf Satzteile oder ganze Sätze	darüber, daran, darauf, … worüber, woran, worauf, …

c) Überarbeiten Sie jetzt noch einmal Ihren Text aus Aufgabe 8.4, indem Sie die Sätze mit Kohäsionsmitteln sinnvoll miteinander verbinden.

Sie haben in diesem Kapitel die Ungleichheiten der Menschen und ihre finanzielle Situation in der Volkswirtschaft betrachtet. Schauen Sie sich nun die Perspektive der Unternehmen an. Auch auf der betrieblichen Ebene kann es zu Ungleichheiten durch Verzerrungen des Wettbewerbs und unterschiedliche Machtpositionen auf dem Markt kommen.

Ungleichheit bei Unternehmen

Aufgabe 8.6:

Sammeln Sie wie in Aufgabe 8.1 für die Ungleichheit zwischen Menschen Gründe, warum es auch Unterschiede zwischen Unternehmen geben kann und welche Konsequenzen das für die Unternehmensposition auf dem Markt haben könnte.

In Kapitel 7 konnten Sie sehen, dass das Modell vom Marktgleichgewicht eine ideale Vorstellung von einem Markt ist, die nur unter bestimmten Bedingungen gilt. Man nennt diese ideale Vorstellung auch den vollkommenen Markt. Eine Voraussetzung des vollkommenen Marktes ist eine vollständige Konkurrenz, das heißt, es gibt viele Unternehmen und viele Anbieter, die alle dasselbe Produkt anbieten bzw. nachfragen. Tatsächlich gibt es aber nicht immer viele Anbieter bzw. viele Nachfrager. Dies ist ein Grund, warum sich die Macht entweder auf der Seite der Anbieter oder der Nachfrager konzentriert und zu Ungleichheit führt. Lesen Sie nun, wie Ungleichheit auf Märkten entsteht.

Aufgabe 8.7

Lesen Sie den folgenden Text und die dazugehörige Tabelle.

a) Welche Überschrift passt am besten? Kreuzen Sie an!
   O Vollständige Konkurrenz auf dem Markt
   O Verschiedene Marktformen

In der Volkswirtschaftslehre unterscheidet man die Märkte danach, wie viele Marktteilnehmer es auf beiden Marktseiten gibt. Auf der Seite der Anbieter können entweder ein großer, wenige mittlere oder viele kleine Marktteilnehmer auftreten. Auch auf der Seite der Nachfrager können ein großer, wenige mittlere oder viele kleine Nachfrager vorkommen. So ergeben sich 9 verschiedene Marktformen, wie man in der Tabelle sehen kann. Die drei wichtigsten Marktformen sind das Polypol, Oligopol und Monopol.

Das bilaterale Polypol ist die ideale Form eines Marktes: Es herrscht vollständige Konkurrenz, weil es viele kleine Anbieter und viele Nachfrager gibt. Im Polypol hat keiner der Marktteilnehmer eine erhöhte Machtposition und hat deshalb auch nicht die Möglichkeit, die Preise zum eigenen Vorteil zu beeinflussen.

Anders sieht es beim Monopol aus: Es gibt nur einen großen Anbieter auf dem Markt, auch Monopolist genannt, der als einziger ein bestimmtes Gut anbietet. Der Monopolist hat eine erhöhte Machtposition auf dem Markt, man bezeichnet die Position auch als Monopolstellung. Er kann zum Beispiel die Preise so bestimmen, wie er möchte. Dadurch kommt es zu ungleichen Machtverhältnissen auf dem Markt und zu höheren Preisen für die Nachfrager.

Nicht ganz so extrem verhält es sich beim Oligopol: Es gibt weniger Anbieter und viele Nachfrager. Auch beim Oligopol versuchen die Anbieter, ihre Machtposition auf dem Markt zu erhöhen, indem sie zum Beispiel ihre Preise absprechen und damit höhere Preise von den Nachfragern verlangen.

Anzahl Nachfrager / **Anzahl Anbieter**	**ein großer**	**wenige mittlere**	**viele kleine**
ein großer	bilaterales Monopol	beschränktes Monopol	Monopol
wenige mittlere	beschränktes Monopson	bilaterales Oligopol	Oligopol
viele kleine	Monopson	Oligopson	Polypol

b) Markieren Sie die gleichen Informationen in der Tabelle und im Text mit einer jeweils gleichen Farbe.

Aufgabe 8.8

Finden Sie in Partnerarbeit für alle Marktformen aus der Tabelle in Aufgabe 8.7 ein Beispiel aus der Realität. Recherchieren Sie gegebenenfalls im Internet.

Wie viele Marktteilnehmer auf der Nachfrage- bzw. Angebotsseite sind, ist wichtig für unternehmerische Entscheidungen. Sie haben in Kapitel 7 schon darüber gesprochen, dass es für Anbieter vorteilhaft sein kann, sich sogar mit der Konkurrenz abzustimmen. Durch Absprachen auf dem Markt und diese Form der Machtkonzentration erhöht sich die Ungleichheit auf dem Markt. In Kapitel 7 haben Sie bereits gelernt, dass man Absprachen auf dem Markt auch Kartelle nennt.

Kartelle

Aufgabe 8.9

Hören Sie das Interview mit Professor Meyer zum Thema Kartelle.

a) Lesen Sie die Sätze und vergleichen Sie die Aussagen mit dem Hörtext. Kreuzen Sie an, ob die Aussagen richtig oder falsch sind.

1. Bei illegalen Absprachen von Konzernen sind die Kunden und Konkurrenten des Kartells nie die Verlierer.	☐ richtig ☐ falsch
2. Ein oligopolistischer Markt mit wenigen Unternehmen ist immer eine Voraussetzung für Kartelle.	☐ richtig ☐ falsch
3. Benzin ist ein heterogenes Gut.	☐ richtig ☐ falsch
4. Kartelle erzeugen zum Beispiel durch Preiskampf einen Verdrängungswettbewerb.	☐ richtig ☐ falsch
5. Bei Kartellen profitiert nur ein Unternehmen von der Absprache.	☐ richtig ☐ falsch
6. Das Gesetz gegen Wettbewerbsbeschränkungen (GWB) verbietet in Deutschland Kartellabsprachen, die den Wettbewerb verhindern oder einschränken.	☐ richtig ☐ falsch
7. Es gibt verschiedene Arten von Kartellen.	☐ richtig ☐ falsch

b) Hören Sie das Interview ein zweites Mal und geben Sie dem Interview einen prägnanten Titel. Überprüfen Sie dabei auch Ihre Antworten aus Aufgabe a).

Wie Sie in diesem Kapitel sehen konnten, lässt sich Ungleichheit in der Wirtschaft auf unterschiedlichen Ebenen beobachten. Einzelwirtschaftlich, auf der Ebene der privaten Haushalte können Einkommen und Vermögen ungleich verteilt sein. Auf betrieblicher Ebene aus Sicht der Unternehmen kommt es zu Ungleichheiten, die verschiedene Positionen auf dem Markt mit sich bringen und den Wettbewerb beeinflussen. In einer globalisierten Welt führt dies dann auch zu Ungleichheiten auf internationaler Ebene.

Aufgabe 8.10

Diskutieren Sie im Plenum:

a) Welche Formen der Ungleichheit finden Sie in der Wirtschaft allgemein?
b) Welche Formen der Ungleichheit können Sie in Ihrem Heimatland beobachten?
c) Sehen Sie Unterschiede in der Ungleichheit zwischen Ihrem Heimatland und Deutschland?

In diesem Kapitel haben Sie gelernt …

Grammatik:
Den Einsatz von Kohäsionsmitteln, um Sätze miteinander zu verbinden und einen Textzusammenhang herzustellen.

Kohäsionsmittel	Beispiele
Artikelwörter: Wiederholen ein Wort	der, das, die, dieser, dieses, diese, sein, seine
Pronomen: Verweisen auf Nomen, Satzteile oder ganze Sätze	er, sie, es, dieser, diese, dieses, seiner, seine, seines, …
Konjunktionen: nennen Gründe, Gegengründe, Einschränkungen etc.	da, weil, deshalb, obwohl, trotzdem, nachdem, als, …
Orts- und Zeitangaben: bilden einen räumlichen und zeitlichen Kontext	hier, da, dort, oben, unten, zuerst, dann, gestern, heute, …
Präpositionaladverbien: beziehen sich auf Satzteile oder ganze Sätze	darüber, daran, darauf, … worüber, woran, worauf, …

Redemittel zum Vergleich von zwei Grafiken:
- Die … Kurve aus … sieht ähnlich / genauso / ganz anders aus als
- Die Steigung verläuft flacher / steiler als …
- Der Abstand zwischen … und … ist größer / kleiner / gleich.

Fachwortschatz:
- das Einkommen: ein Zustrom von finanziellen Mitteln, die man in einem bestimmten Zeitraum verdient
- das Vermögen: finanzielle Mittel und Werte, die man besitzt
- der vollkommene Markt: ein idealer Markt
- das Monopol: eine Marktform, bei der es nur einen Anbieter für ein Gut gibt
- das Polypol: eine Marktform, bei der es auf beiden Marktseiten viele Marktteilnehmer gibt
- das Oligopol: eine Marktform, bei der es wenige Anbieter und viele Nachfrager gibt

9. Wirtschaftliches Handeln ist systemabhängig

In diesem Kapitel lernen Sie

fachlich,

- verschiedene Wirtschaftsordnungen kennen.
- den Mindestlohn als ein Instrument der sozialen Marktwirtschaft einzuschätzen.

sprachlich,

- Vorteile und Nachteile abzuwägen.
- die indirekte Rede mit Hilfe des Konjunktivs I auszudrücken.
- Aussagen von verschiedenen Autoren zu vergleichen.

hinsichtlich Methoden und Lernstrategien,

- Szenarien einzuordnen und zu beurteilen.
- Ereignisketten zu bilden.

Auf der Insel ist die Wirtschaft immer weiter gewachsen. Die Inselbewohner überlegen deshalb, nach welcher Ordnung das wirtschaftliche Zusammenleben am besten geregelt sein könnte. Es wird eine Konferenz einberufen, auf der zwei Szenarios zur Wahl gestellt werden:

1) Jeder ist für sich selbst verantwortlich und entscheidet allein darüber, welchen Beruf er ausüben möchte und was produziert wird. Die Ressourcen auf der Insel sind Privateigentum. Der Markt regelt alles von selbst. Die Nachfrage bestimmt das Angebot. Was nicht gekauft wird, wird irgendwann nicht mehr produziert. Wer krank ist oder aus irgendeinem anderen Grund nicht arbeiten kann, hat Pech.

2) Es gibt eine Instanz, die für die Zukunft der Insel verantwortlich ist und alles plant und regelt. Der Instanz gehören alle Produktionsmittel und Ressourcen auf der Insel, aber jeder darf sie benutzen. Jeder erhält für seine Arbeit gleich viel Lohn, egal, wie schwer oder leicht die Arbeit ist. Diese Instanz sorgt dafür, dass jeder genug zu essen und zu trinken hat, eine Hütte hat und gesundheitlich versorgt wird.

Wirtschaftssysteme

Aufgabe 9.1:

Stellen Sie sich vor, Sie wären einer der Inselbewohner. Diskutieren Sie im Team. Welche Vor- und Nachteile sehen Sie in den Szenarios 1 und 2?

Ich sehe den Vorteil in der ersten Situation, dass... Vorteilhaft / Nützlich ist ...
Positiv ist zu bewerten, dass ...

Nachteilig / Negativ zu bewerten ist ... Ungünstig / Eine negative Folge ist ...
... wirkt sich nachteilig aus auf...

Der schottische Nationalökonom Adam Smith (1723–1790) sprach von der „unsichtbaren Hand des Marktes" in der Marktwirtschaft. Sie sorge dafür, dass der Markt sich selbst reguliere, wenn alle Wirtschaftssubjekte am eigenen Nutzenmaximum orientiert handeln. Das führe zu einer optimalen Produktionsmenge und -qualität und zu einer gerechten Verteilung.[1]

Die Szenarios haben vereinfacht die beiden Wirtschaftssysteme freie Marktwirtschaft (1) und die Planwirtschaft (2) dargestellt. In der Tabelle unten sehen Sie beispielhaft vier verschiedene Merkmale, durch die sich beide Systeme grundsätzlich voneinander unterscheiden.

1 Kurz, Heinz D.; Sturn, Richard (2013): Adam Smith für jedermann: Pionier der modernen Ökonomie. In: Ökonomen für Jedermann. Band 2. Frankfurt am Main: Frankfurter Allgemeine Buch, S. 148.

Aufgabe 9.2:

Übertragen Sie die Informationen aus Aufgabe 9.1. auf die beiden Wirtschaftssysteme. Tragen Sie die Gegensatzpaare aus dem Kasten richtig sortiert in die Tabelle ein:

Dezentral, von einzelnen Unternehmen ⇔ zentrale Planungsstelle
Unternehmen ⇔ Staat
Privateigentum ⇔ Staatseigentum
Planerfüllungsprinzip ⇔ Gewinnprinzip

Merkmale	**Freie Marktwirtschaft**	**Planwirtschaft**
1. Eigentum an Produktionsmitteln		
2. Wer entscheidet, wie der Gewinn verwendet wird?		
3. Welches Prinzip bestimmt, was die Unternehmen wann machen?		
4. Wo wird die Güter- und Dienstleistungsproduktion geplant, bestimmt und geregelt?		

Die freie Marktwirtschaft und die Planwirtschaft haben verschiedene Vorteile und Nachteile. Sehen Sie selbst, wo die Grenzen der Systeme liegen:

Aufgabe 9.3

Stellen Sie sich folgende Ausgangssituation vor: Sie leben mit anderen Inselbewohnern zusammen auf der Insel. Sie arbeiten arbeitsteilig, es gibt Fischer, Palmenfäller und Kokosnusspflücker. Nun treten 8 Ereignisse ein, die Sie nachfolgend lesen können.

a) Teilen Sie die 8 Szenarios auf verschiedene Arbeitsgruppen auf (2-3 Szenarios pro Gruppe). Lesen Sie die verschiedenen Situationen und stellen Sie Vermutungen an, wie das jeweilige Szenario in der freien Marktwirtschaft und wie es in der Planwirtschaft ausgehen könnte.
   1. Es werden zu viele Fische gefangen und zu wenige Kokosnüsse gepflückt.
   2. Die Palmenfäller fällen alle Palmen, nun haben die Kokosnusssammler keine Palmen mehr, von denen sie ernten können.
   3. Alle Inselbewohner sind krank. Im Vorrat auf der Insel sind nur Medikamente für 50% der Personen. Wer bekommt die Medikamente?

4. Ein Kokosnusspflücker will nicht mehr pflücken. Er möchte lieber angeln. Leider fängt er nichts.
5. 5 Monate lang wächst nicht eine einzige Kokosnuss auf den Palmen.
6. Ein Palmenfäller hat sich verletzt und kann nicht mehr in seinem Beruf arbeiten.
7. Ein Fischer hat sehr effektive Fangwerkzeuge gebaut, verbietet den anderen Fischern, die Werkzeuge zu benutzen und will den anderen nicht zeigen, wie er sie gebaut hat.
8. Die Kokosnusspflücker schließen sich zusammen und streiken. Einen Monat lang pflückt niemand Kokosnüsse.

b) Bilden Sie für jede Situation Ereignisketten ➔, bis Sie an eine Grenze des jeweiligen Systems stoßen.

Wenn es in der freien Marktwirtschaft zu viele Fische gibt, ➔ sinkt der Preis für Fische, ➔ deshalb sinkt das Angebot für Fisch und ➔ die Fischer werden arbeitslos, weil keine Fischer gebraucht werden. ➔ Sie sind gezwungen, einen anderen Beruf zu lernen, zum Beispiel Palmenfäller. ➔ Vielleicht wollen oder können sie das gar nicht. Wenn es in der Planwirtschaft zu viele Fische gibt, … ➔

c) Finden Sie für jedes der folgenden Schlagworte mindestens ein Beispiel-Szenario aus Aufgabe a):

Monopol- und Kartellbildung, Umweltschäden, soziale Blindheit, freie Berufswahl, Instabilität des Marktes

Die freie Marktwirtschaft und die Planwirtschaft sind Extremformen. Um die Vorteile der freien Marktwirtschaft zu nutzen und die Nachteile zu verhindern, wurde in Deutschland die **soziale Marktwirtschaft** eingeführt. Sie lässt einen möglichst freien Wettbewerb zu, der Staat gleicht aber soziale Ungerechtigkeit aus. Ein Grundprinzip der sozialen Marktwirtschaft ist es, die im Wettbewerb stehenden Menschen nicht ohne Schutz zu lassen, wenn sie nicht alleine für ihren Unterhalt sorgen können, krank werden oder einen Arbeitsunfall erleiden. Das Gleiche gilt, wenn sie ihre Arbeit verlieren oder wenn sie aus Altersgründen nicht mehr arbeiten können. In Deutschland gibt es für solche Fälle gesetzlich vorgeschriebene Versicherungen wie die Kranken-, Renten-, Arbeitslosen-, Unfall- und Pflegeversicherung. Eine zentrale Frage der sozialen Marktwirtschaft ist, **ob** und im Zweifel **wie** der Staat in das wirtschaftliche Geschehen eingreift. Das führt häufig zu kontroversen Diskussionen. Ein Beispiel dafür ist die Frage, ob der Staat bei der Höhe der Löhne regulierend eingreifen sollte oder ob der Markt (das heißt der Arbeitsmarkt) ein Gleichgewicht findet, das allen gerecht wird.

In Deutschland wurde die soziale Marktwirtschaft 1948 eingeführt. Heute ist es eine öko-soziale Marktwirtschaft, denn diese ist ein festgeschriebenes Ziel der Europäischen Union (Artikel 3, Absatz 3 des EU-Vertrages), da sie mittlerweile auch ökologische Zielsetzungen einschließt.

Mindestlohn

Aufgabe 9.4:

Lesen Sie die Ausführungen zum Thema Mindestlohn aus einem Zeitungsartikel.

a) Unterstreichen Sie im Text die Argumente und Impulse, die einen Mindestlohn befürworten, in roter Farbe und alle Argumente, die gegen einen Mindestlohn sprechen, in blauer Farbe.

b) Diskutieren Sie im Plenum, wie Sie die Idee eines Mindestlohns vor dem Hintergrund der verschiedenen Wirtschaftssysteme aus Sicht der Arbeitgeber und Arbeitnehmer sowie aus Sicht der Regierung beurteilen.

Ist die Einführung eines gesetzlich vorgeschriebenen Mindestlohns sinnvoll?

Der Mindestlohn ist eines der wenigen wirtschaftspolitischen Themen der jüngeren Vergangenheit, über das in Deutschland öffentlich hitzig debattiert wurde. Der Gewerkschafter Hans Klingenthal äußerte sich in einem Interview, dass eine Vollzeitstelle auch mit einem Einkommen entlohnt werden müsse, das einen gesellschaftlich akzeptablen Lebensstandard habe, lasse sich durchaus nachvollziehen. Andererseits äußerte ein Sprecher eines Unternehmerverbandes, dass das Prinzip der freien Marktwirtschaft dieser Ansicht gegenüberstehe. In der Marktwirtschaft könne kein Unternehmen dazu gezwungen werden, Arbeitskräfte einzustellen, obwohl sich die Produktion nicht mehr lohne. Genauso wenig lasse sich ein Kunde zwingen, Produkte zu kaufen, die er als zu teuer empfinde. Die Verantwortung für einen sozialen Mindeststandard solle nicht auf den Schultern der Arbeitgeber liegen. Der Staat müsse durch Lohnzuschüsse für soziale Gerechtigkeit sorgen.

Nach langem Hin und her wurde es amtlich: Ab 2015 gab es in Deutschland einen gesetzlich festgeschriebenen Brutto-Mindestlohn von 8,50 Euro pro Stunde. Viele fragen sich, ob und wie lange dieser Mindestlohn ausreiche und ob es nicht Schlupflöcher für Ausbeutung gebe.

Auf Nachfrage sagte ein Regierungssprecher, dass etwa alle zwei Jahre ein unabhängiges Gremium die Höhe des Mindestlohns überprüfe und einen neuen Wert festsetze. Durch den Mindestlohn wolle die Bundesregierung verhindern, dass jemand trotz eines Vollzeitjobs seine Lebenshaltungskosten nicht decken könne. Der Mindestlohn sei zwingend, es gebe keine Ausnahmen und Arbeitnehmer würden sich auch nicht mit einer geringeren Vergütung zufriedengeben können.

Konjunktiv I

Aufgabe 9.5

Im Text finden Sie viele Verben in dem Modus Konjunktiv I.

a) Unterstreichen Sie im Text die Verbformen im Konjunktiv I.
b) Schauen Sie sich die Verbformen in den unterstrichenen Sätzen sowie die Tabellen unten genauer an und ergänzen Sie die Regeln zur Verwendung und Bildung des Konjunktiv I im Kasten.

Wichtig:

1. Den Konjunktiv I verwendet man in der ______________ Rede, um Informationen von Dritten wiederzugeben.
2. Man bildet den Konjunktiv I aus dem Verbstamm + den Endungen ______________.
3. Wenn die Formen des Indikativs und des Konjunktiv I ____________ sind, verwendet man als Ersatzform den Konjunktiv 2.

Indikativ		Konjunktiv I	Ersatzform Konjunktiv II
ich les**e**	=	ich les**e** →	ich würde lesen
du lie**st**		du les**est**	
er/sie/es lies**t**		er/sie/es les**e**	
wir les**en**	=	wir les**en** →	wir würden lesen
ihr les**t**		ihr les**et**	
sie/Sie les**en**	=	sie/Sie les**en** →	sie/Sie würden lesen

sein
ich sei
du sei(e)st
er/sie/es sei
wir seien
ihr seiet
sie/Sie seien

Aufgabe 9.6

Hier finden Sie verschiedene Aussagen zur Einkommensverteilung:

„Ich trage das Risiko, deshalb will ich vom Gewinn so viel wie möglich für mich allein."

Mirko Meyer, Chef eines mittelständischen Unternehmens

„Ein Arbeitnehmer muss von (s)einem Gehalt leben können."

Frieda Klein, Gewerkschaftsmitglied

„Vorstände von DAX-Unternehmen verdienen 50 Mal so viel wie ihre Mitarbeiter."

Überschrift in der Zeitung „Marktwirtschaft"

„Mindestlohn ist immer noch Ausbeutung. Da lebe ich doch lieber weiter von der Sozialhilfe."

Kevin Kurzurlaub, seit 5 Jahren arbeitslos

„Der Mindestlohn hebelt die vernünftigen Wirtschaftsgesetze der freien Marktwirtschaft aus. Arbeitskraft und Geld werden verschwendet."

Konrad Wunderlich, Kapitalist aus Überzeugung

a) Schreiben Sie die Sätze in der indirekten Rede. Bitte achten Sie auch auf den Perspektivenwechsel. Aus „ich" wird „er" bzw. „sie".
Beispiel: Mirko Meyer, Chef eines mittelständischen Unternehmens, sagt, er trage das Risiko, deshalb …

b) Vergleichen Sie jeweils zwei der Aussagen schriftlich miteinander und bringen Sie diese in eine Beziehung. Die Redemittel helfen Ihnen dabei.

Entgegengesetzte Aussagen:
Dagegen führt XY an, dass…
Während XX behauptet, dass …, sagt XY, dass …
Entgegen XX führt XY aus, dass…
Obwohl XX sagt, dass …, stellt XY fest, dass …
Einerseits sagt XX, dass …, andererseits sagt XY, dass …
Die Aussagen von XX und XY widersprechen sich.

Gleiche Aussagen:
XY kommt zu dem gleichen Ergebnis wie XX.
Das Argument von XX wird gestützt durch die Aussage von XY.

Additive Aussagen:
Als weiteres Argument für … sagt XY …
XY führt zudem aus, dass ….
Folglich sagt XY….
Zudem sagt XY, dass …
XY fügt hinzu, dass …
Überdies erläutert XY, dass …

Aufgabe 9.7

In Deutschland regelt seit 2014 das Mindestlohngesetz MiLoG die Untergrenze für die Entlohnung von Arbeitnehmern. Bei der Einführung betrug der Mindestlohn 8,50 Euro brutto. Wie hoch ist er heute? Recherchieren Sie!

Aufgabe 9.8

Berichten Sie im Plenum: Gibt es in Ihrem Land einen Mindestlohn? Wenn ja, wie hoch ist der Mindestlohn aktuell (in Euro umgerechnet)? Tipp: Stellen Sie sich in einer Rangfolge vom höchsten bis zum geringsten Mindestlohn in einer Reihe auf und berichten Sie. Wenn es mehrere Personen der gleichen Nationalität gibt, recherchieren Sie ein weiteres Land, für das Sie sich interessieren und berichten Sie im Kurs.

Aufgabe 9.9

Diskutieren Sie Ihre Meinung zum Thema Mindestlohn im Plenum. Nehmen Sie Bezug auf die Kommentare in Aufgabe 9.6.

Die Diskussion um den Mindestlohn war nur ein Beispiel dafür, dass in der ökosozialen Marktwirtschaft immer wieder aufs Neue diskutiert werden muss, ob, wo und wie der Staat in das Wirtschaftsgeschehen eingreifen sollte. In Kapitel 12 erfahren Sie mehr darüber, welche Auswirkungen die Eingriffe in das Wirtschaftsgeschehen haben können.

Aufgabe 9.10

Berichten Sie im Plenum:

a) Welches Wirtschaftssystem gibt es in Ihrem Heimatland?
b) Welche Erfahrungen haben Sie mit Eingriffen des Staates in das Wirtschaftsgeschehen gemacht?

In diesem Kapitel haben Sie gelernt …

Grammatik:
die indirekte Rede mit Hilfe des Konjunktivs I wiederzugeben:
„Mirko Meyer, Chef eines mittelständischen Unternehmens, sagt, er **trage** das Risiko."

Indikativ	Konjunktiv I	Ersatzform Konjunktiv II
ich lese	ich lese →	ich würde lesen
du liest	du lesest	
er/sie/es liest	er/sie/es lese	
wir lesen	wir lesen →	wir würden lesen
ihr lest	ihr leset	
sie lesen	sie lesen →	sie würden lesen

Redemittel:
Vorteile und Nachteile beschreiben:
- Ich sehe den Vorteil in der ersten Situation, dass…
- Vorteilhaft / Nützlich ist …
- Positiv ist zu bewerten, dass …
- Nachteilig / Negativ zu bewerten ist …
- Ungünstig / Eine negative Folge ist …
- … wirkt sich nachteilig aus auf …

Fachwortschatz:
- das Wirtschaftssystem: die Ordnung, nach der das wirtschaftliche Zusammenleben in einem Land geregelt ist
- die freie Marktwirtschaft: ein Wirtschaftssystem, das jedem Wirtschaftssubjekt volle Selbstverantwortung und wirtschaftliche Handlungsfreiheit zuspricht. Der Markt steuert ‚mit unsichtbarer Hand' die Wirtschaft
- die Planwirtschaft: ein Wirtschaftssystem, in dem eine zentrale Instanz alle ökonomischen Prozesse plant und steuert
- die soziale Marktwirtschaft: eine Form der freien Marktwirtschaft, in der der Staat in das Wirtschaftsgeschehen eingreift, um soziale Ungerechtigkeiten auszugleichen

10. Wirtschaftliches Handeln vollzieht sich in Kreislaufprozessen

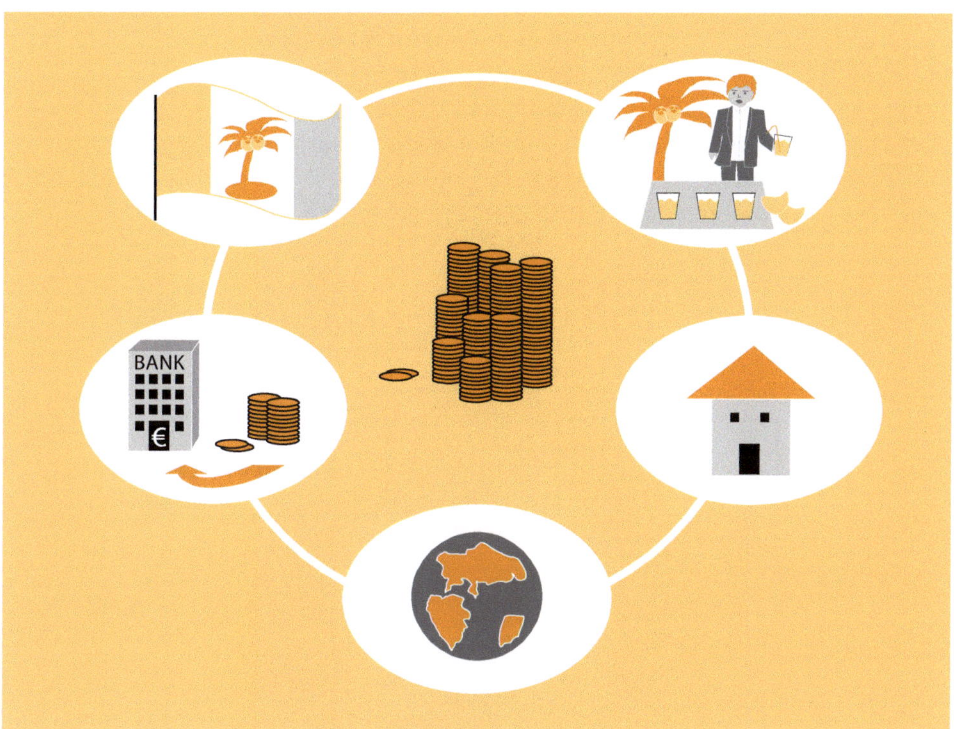

In diesem Kapitel lernen Sie

fachlich,

- den einfachen Wirtschaftskreislauf und seine Erweiterungen kennen.
- welche Funktionen das Geld im Wirtschaftskreislauf hat.

sprachlich,

- die Verwendung von Partizip I und Partizip II als Adjektiv.
- den Gebrauch des Präteritums als Sprachstil für Erzählungen in der Vergangenheit.

hinsichtlich Methoden und Lernstrategien,

- Schaubilder zu verstehen und zu beschreiben.
- Texte durch das Zeichnen von Schaubildern zu visualisieren.

Auf der Insel gibt es inzwischen sowohl viele Haushalte als auch viele Unternehmen. Einige Unternehmen auf der Insel haben Sie in Kapitel 4 selbst gegründet. Als ein Unternehmen haben Sie Güter wie zum Beispiel Kokos-Smoothies oder auch Dienstleistungen produziert und auf dem Markt angeboten. Für Ihre Produktion haben Sie Mitarbeiter benötigt, die Ihnen ihre Arbeitskraft angeboten haben. Dafür haben Sie Ihren Mitarbeitern Löhne und Gehälter gezahlt. Von dieser Bezahlung konnten Ihre Mitarbeiter wiederum bei Ihnen oder den anderen Unternehmen auf der Insel Güter kaufen. Aus diesem Zusammenspiel ergibt sich zwischen Unternehmen und Haushalten ein einfacher Wirtschaftskreislauf:

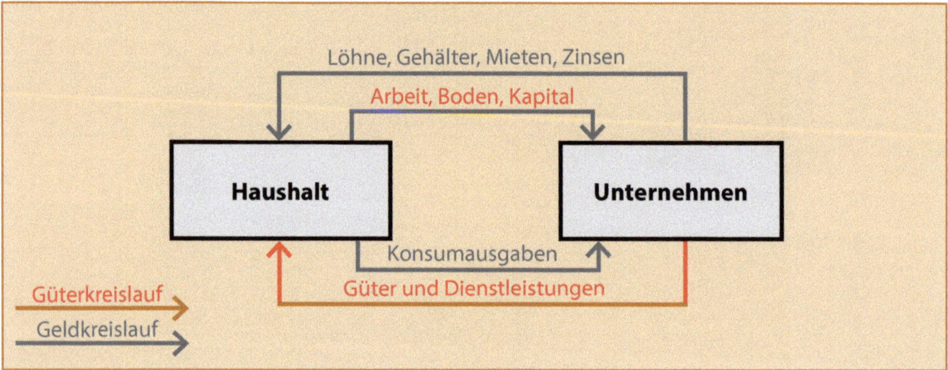

Aufgabe 10.1

Beschreiben Sie Ihrem Lernpartner das Modell des einfachen Wirtschaftskreislaufs, nutzen Sie die Redemittel aus der Sprechblase und gehen Sie dabei insbesondere darauf ein,

a) in welche Richtung Geld- und Güterkreislauf strömen.
b) wie hoch der Wert der Güter- und Geldströme vermutlich sein müsste.
c) warum Sie glauben, dass das Bild als Wirtschaftskreislauf bezeichnet wird.

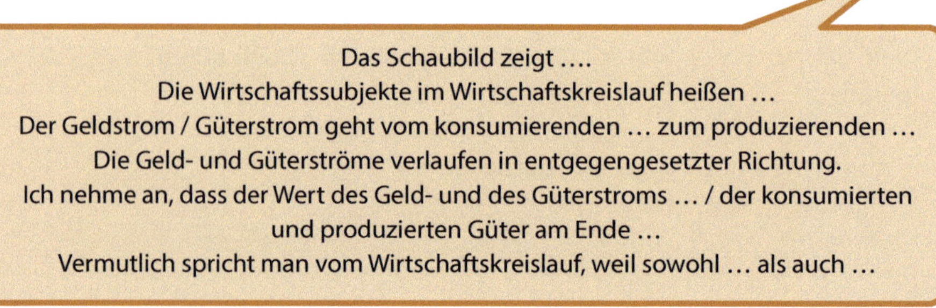

Partizip I und Partizip II

Aufgabe 10.2

In den Redemitteln wurden Partizipien als Adjektive benutzt. Auf diese Weise lassen sich Prozesse sehr kurz und kompakt beschreiben.

a) Markieren Sie in der Sprechblase mit den Redemitteln die Adjektive in Partizip I rot und in Partizip II blau.

b) Vervollständigen Sie die Regeln zur Bildung und zur Anwendung des Partizip I und II als Adjektive, indem Sie die Wörter aus dem Kasten in die Lücken einsetzen:

> Adjektive, Gleichzeitigkeit, Verben, Partizip II, Infinitiv, Perfekt, Buchstaben d, in der Vergangenheit

Partizipien werden aus ____________________ gebildet, die aber wie ________________________ verwendet und dekliniert werden.

Bildung:

Partizip I als Adjektiv	**Partizip II als Adjektiv**
wird gebildet aus dem ____________________ + ________________ + Adjektivendung.	wird gebildet aus ____________________ + Adjektivendung. Das Partizip II wird auch im ______________ benutzt (z.B. Das Unternehmen hat die Güter produziert).

Anwendung:

*Das **produzierende** Unternehmen hat seinen Sitz in Münster.*	*Das Unternehmen verschifft den **produzierten** Motor nach Hamburg.*
Das Partizip I drückt eine ________________ aus, etwas findet also im Moment des Geschehens statt.	Das Partizip II drückt eine passive Handlung aus oder eine Handlung, die ____________________ stattgefunden hat.

c) Bilden Sie 5 weitere Sätze zum Wirtschaftskreislauf. Verwenden Sie Partizip I und Partizip II als Adjektive und vergleichen Sie Ihre Lösung mit Ihrem Lernpartner.

Wirtschaftskreislauf

Aufgabe 10.3

Schauen Sie sich erneut den Wirtschaftskreislauf aus Aufgabe 10.1 an. Überlegen Sie gemeinsam mit Ihrem Lernpartner.

a) Die Abbildung stellt einen einfachen Wirtschaftskreislauf dar – was vermuten Sie, um welche Wirtschaftssubjekte könnte man den Wirtschaftskreislauf erweitern?
b) Welche Funktionen könnten diese weiteren Wirtschaftssubjekte haben?
c) Skizzieren Sie die möglichen weiteren Wirtschaftssubjekte mit ihren Funktionen in Ergänzung zum einfachen Wirtschaftskreislauf.
d) Lesen Sie den Text zum erweiterten Wirtschaftskreislauf und finden Sie für jeden Abschnitt eine passende Überschrift.

Der Wirtschaftskreislauf

Der Begriff des Wirtschaftskreislaufs stammt aus der VWL und erklärt den Austausch von Geld- und Güterströmen zwischen den verschiedenen Wirtschaftssubjekten innerhalb einer Volkswirtschaft. Dabei werden die Güter- und Geldbewegungen in Form eines Kreislaufs schematisch dargestellt. Die Geldströme und Güterströme entsprechen sich wertmäßig und fließen in entgegengesetzte Richtungen.

Der vereinfachte Wirtschaftskreislauf hat lediglich zwei Wirtschaftssubjekte: die Unternehmen und die Haushalte. Unternehmen produzieren Konsumgüter. Für die Produktion benötigen sie von privaten Haushalten Arbeitsleistungen. Die privaten Haushalte stellen den Unternehmen die benötigten Arbeitsleistungen zur Verfügung, die von den Unternehmen im Gegenzug mit Lohn bzw. Gehalt als Einkommen vergütet werden. Diese Einkommen werden durch die Privathaushalte wiederum für Konsumausgaben verwendet. So schließt sich der Kreis(lauf).

Im erweiterten Wirtschaftskreislauf kommt ein weiteres Wirtschaftssubjekt hinzu – die Banken. Wenn die Haushalte ihr Einkommen nicht unmittelbar für Konsumzwecke ausgeben, sondern einen Teil des Einkommens sparen, verbleibt dieses Geld bei der Bank. Die Unternehmen können dieses Geld in Form von Krediten für Investitionen bei den Banken abrufen. In diesem Teil des Kreislaufs geht es also ausschließlich um Geldströme.

Insbesondere in einer sozialen Marktwirtschaft gehört ein weiteres Wirtschaftssubjekt zum vollständigen Wirtschaftskreislauf: der Staat. Staatliche Einnahmen (vereinfacht gesagt: die Steuern), werden sowohl für staatlichen Konsum bei Unternehmen als auch für die Zahlung von Löhnen und Gehältern an Arbeitnehmer der Haushalte verwendet. Es gibt also wieder einen Geld- und einen Güterstrom in beide Richtungen. Aber auch Unternehmen werden vom Staat durch

Subventionen gefördert. Subventionen sind eine staatliche Unterstützung für bestimmte Unternehmen oder Wirtschaftsbereiche, für die es aber keine direkte Gegenleistung gibt.

Wenn der Wirtschaftskreislauf einer Volkswirtschaft offen ist, kommt das Ausland als weiteres Wirtschaftssubjekt hinzu. Die Einkommen der Haushalte können ebenfalls im Ausland erzielt werden, wo sowohl Geld angelegt als auch für Konsum ausgegeben werden kann. Im Gegenzug erzeugen die Unternehmen durch Import- und Exportgeschäfte weitere Geld- und Güterströme die vom bzw. ins Ausland fließen.

e) Überprüfen Sie Ihre Vermutungen in a) und b), indem Sie Ihre Skizze korrigieren.

Funktionen des Geldes

Das Geld nimmt in der Wirtschaft und im Wirtschaftskreislauf eine zentrale Rolle ein, selbst, wenn es nicht als Geld den Besitzer wechselt, dient es als Rechengröße oder Wertmaßstab. Volkswirtschaftlich gesehen erfüllt es vier Funktionen.

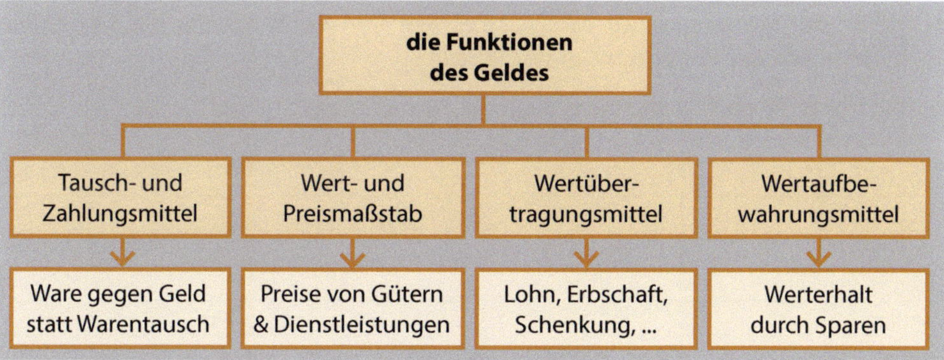

Aufgabe 10.4

Finden Sie Beispiele für jede der Funktionen des Geldes im erweiterten Wirtschaftskreislauf und erklären Sie diese. Die Sprechblasen und die Abbildung ‚die Funktionen des Geldes' helfen Ihnen:

Präteritum

Aufgabe 10.5

Hören Sie die Geschichte zum Thema Geld im Wirtschaftskreislauf.

a) Kreuzen Sie den Titel an, der Ihrer Meinung nach am besten zu der Geschichte passt.
   O Tourist beendet die Schuldenkrise auf der Insel
   O Eine Insel lebt auf Kredit

10.5

b) Hören Sie den Text ein zweites Mal und machen Sie sich Notizen zu den einzelnen Stationen in der Geschichte. Versuchen Sie anschließend, die Kette möglichst genau zu rekonstruieren.

c) Diskutieren Sie im Plenum:
   - Was ist die Moral von der Geschichte?
   - Stimmt die Moral von der Geschichte?

Aufgabe 10.6

Die Geschichte ist eine Erzählung in der Vergangenheit. Für Erzählungen in der Vergangenheit verwendet man im Deutschen häufig das Präteritum.

a) Hören Sie die Geschichte ein weiteres Mal und ergänzen Sie die passenden Verbformen des Präteritums in der Tabelle.

b) Ergänzen Sie nach dem Hören auch die Formen des Partizips II in der Tabelle.

Infinitiv	Präteritum	Partizip II
sich zutragen		
kommen		
bitten		
wollen		
geben		
legen		
gehen		
liegen		
nehmen		
bezahlen		
freuen		
laufen		
trinken		
stecken		
mieten		
zurückzahlen		
werden		

c) Markieren Sie alle unregelmäßigen Formen des Präteritums in der Tabelle. Tipp: Immer wenn sich der Stammvokal verändert, ist die Form unregelmäßig!

d) Sehen Sie sich die unregelmäßigen Verbformen im Infinitiv, Präteritum und Partizip II an. Sortieren Sie die Verben in der Tabelle nach den Vokaländerungen.

e) Finden Sie gemeinsam mit Ihrem Lernpartner weitere Beispiele:

Verbstamm	Infinitiv	Präteritum	Partizip II
a-i(e)-a	laufen	lief	gelaufen
weitere Verben	*fallen, schlafen, …*		
a-u-a	sich zutragen	trug es sich zu	zugetragen
weitere Verben			
e-a-e	geben		
weitere Verben			
e-a-o			
weitere Verben			
i(e)-a-e	1) 2)		
weitere Verben			
i-a-u			
weitere Verben			
andere Vokalwechsel:	1) gehen 2) 3)	1) 2) kam 3)	1) 2) 3) geworden
weitere Verben			

f) Wiederholen Sie gemeinsam im Plenum: Wann wird das Präteritum verwendet und wann das Perfekt?

g) Schreiben Sie eine kurze, vielleicht sogar lustige Geschichte im Präteritum. Wie könnte Ihrer Meinung nach das Geld entstanden sein?

Der einfache und der erweiterte Wirtschaftskreislauf in diesem Kapitel haben Ihnen beispielhaft gezeigt, dass sich wirtschaftliches Handeln in Kreislaufprozessen vollzieht. Durch Güter- und Geldströme entstehen teils entgegengesetzte Kreisläufe, die in einer Volkswirtschaft mengen- und wertmäßig erfasst werden.

In diesem Kapitel haben Sie gelernt ...,

Grammatik:
die Verwendung von Partizip I und II als Adjektiv:

Partizip I als Adjektiv	Partizip II als Adjektiv
Der Güterstrom verläuft von den **produzierenden** Unternehmen zu den **konsumierenden** Haushalten.	Die **produzierten** Güter werden von den Haushalten konsumiert.
Partizip I drückt eine Gleichzeitigkeit von zwei Handlungen aus.	Partizip II drückt eine passive oder in der Vergangenheit liegende Handlung aus.

Redemittel:
Schaubilder beschreiben:
- Das Schaubild zeigt ....
- Die Wirtschaftssubjekte im Wirtschaftskreislauf heißen ...
- Der Geldstrom / Güterstrom geht vom konsumierenden .... zum produzierenden...
- Die Geld- und Güterströme verlaufen in entgegengesetzter Richtung.
- Ich nehme an, dass der Wert des Geld- und des Güterstroms... bzw. der konsumierten und produzierten Güter am Ende ...
- Vermutlich spricht man vom Wirtschaftskreislauf, weil sowohl .... als auch ...

Fachwortschatz:
- der Wirtschaftskreislauf: die Darstellung der Geld- und Güterströme innerhalb einer Volkswirtschaft
- der Geldstrom: der Zufluss und Abfluss von Geld
- der Güterstrom: der Zufluss und Abfluss von Gütern
- das Wertübertragungsmittel: die Funktion des Geldes, Werte von Gütern oder Dienstleistungen an andere Personen weiterzugeben
- das Wertaufbewahrungsmittel: die Funktion des Geldes, den Wert eines verkauften Gutes oder einer erbrachten Dienstleistung zu speichern

11 Gut für mich – gut für alle? Wirtschaftliches Handeln ist konfliktgeprägt

In diesem Kapitel lernen Sie

fachlich,

- dass Verhalten, das für einzelne Individuen rational ist, für die Gesamtheit aller Individuen irrational sein kann.
- dass wirtschaftliche Konfliktsituationen durch die Dilemma-Problematik geprägt sind.
- das Problem der Allmende-Güter kennen.

sprachlich,

- Ursache-Wirkungszusammenhänge zu formulieren.
- Verbalphrasen in Nominalphrasen umzuwandeln.

hinsichtlich Methoden und Lernstrategien,

- ein Planspiel durchzuführen.
- Schlüsselbegriffe durch eine Concept Map in einen sinnvollen Zusammenhang zu bringen.

In Kapitel 2 haben Sie das Modell des Homo Oeconomicus kennengelernt und wissen nun, dass der Mensch sich rational und nutzenmaximierend verhalten muss, um für sich selbst das optimale Verhältnis zwischen Kosten und Nutzen zu erreichen. Der Wunsch, für sich selbst den größtmöglichen Nutzen zu erzielen, wirkt sich schließlich auf die wirtschaftlichen Entscheidungen aus, die der Mensch trifft, wie Sie in Kapitel 3 erfahren haben. Es kann aber sein, dass eine Entscheidung, die für einen einzelnen Menschen rational und nutzenmaximierend erscheint, kollektiv für die Gesamtheit aller Individuen zu keinem optimalen Ergebnis führt. Wie es dazu kommt, erfahren Sie im nachfolgenden Planspiel.

Planspiel: Dilemmata

Aufgabe 11.1

Sie haben sich auf der Insel auf das Fangen von Fischen spezialisiert. Jeden Tag fahren Sie mit Ihrem Boot auf das Meer und versuchen, so viele Fische wie möglich zu fangen, die Sie anschließend an die anderen Inselbewohner zu einem Preis von **5 € pro Kilogramm** verkaufen. Da die Fischerei ein lukratives Geschäft ist, sind Sie nicht der einzige Fischer auf der Insel. Sie konkurrieren mit 4 weiteren Fischern, die ebenfalls jeden Tag Fische fangen. Im nachfolgenden Spielverlauf wird nun die Situation simuliert, die sich für Sie und die anderen Fischer auf der Insel über einen Zeitraum von 7 Tagen (7 Spielrunden) ergibt.

a) Teilen Sie sich in genau 5 Gruppen von Fischern auf. Jede Gruppe hat ein Boot und Netze für den Fischfang. Sie können jede Runde zwischen 15 und 20 Tonnen Fisch fangen, da Ihr Boot nicht mehr transportieren kann. Sie sind ein gewinnorientiertes Fischerei-Unternehmen und versuchen **so viel Fisch wie möglich** zu fangen! Aber passen Sie auf! Jede Runde passieren Ereignisse, die Ihren Gewinn erhöhen oder verringern können.
b) Der Anfangsbestand von Fischen im Meer beträgt 200 Tonnen Fisch.
c) Jeden Tag dürfen Sie nun in Ihrer Gruppe entscheiden, wie viel Fisch Sie fangen möchten. Ihre Entscheidung tragen Sie in jeder Spielrunde in die Entscheidungskarte ein (Anhang 11.1).
d) Ziehen Sie je Gruppe pro Runde eine Ereigniskarte (Anhang 11.1) und tragen Sie Ihre neue Menge an Fisch in die Entscheidungskarte ein. Die Ereigniskarten werden nach jeder Runde neu gemischt.

Anhang 11.1

e) Geben Sie Ihre Entscheidungskarte verdeckt an die Lehrkraft. Die anderen Fischer-Gruppen dürfen nicht erfahren, wie viele Fische Sie gefangen haben.
f) Die Lehrkraft teilt Ihnen zu Beginn jedes neuen Tages den aktuellen Fischbestand mit.
g) Berechnen Sie am Ende jeder Runde Ihren Gewinn und verrechnen Sie ihn auch mit den vorherigen Runden. Wer hat nach 7 Runden das erfolgreichste Fischerei-Unternehmen mit dem höchsten Gewinn?

Aufgabe 11.2

Diskutieren Sie nach dem Spiel folgende Fragen im Plenum:
a) Welche Strategie ist für Ihre Gruppe kurzfristig/langfristig die erfolgreichste?
b) Was denken Sie, wie sich die anderen Fischer-Gruppen verhalten haben?
c) Hat sich Ihr Verhalten durch die Konferenz nach Runde 5 verändert? Begründen Sie, warum ja oder warum nicht. Benutzen Sie die Redemittel in den Sprechblasen.
d) Beschreiben Sie den Konflikt, der sich für Sie und die anderen Fischer ergeben hat.

Nach der Konferenz haben wir erwartet, dass … Wir haben mehr/weniger Fisch gefangen, weil …

Wir haben unser Verhalten (nicht) verändert, da/weil...

In Aufgabe 11.2 haben Sie versucht, mit Hilfe der Sprechblasen eine Begründung dafür zu nennen, warum Sie Ihr Verhalten geändert haben oder nicht. Im Deutschen gibt es verschiedene Möglichkeiten, Begründungen, bzw. Ursachen und ihre Wirkung, auszudrücken. Eine Möglichkeit ist die Bildung von Kausalsätzen mit den Konjunktionen *weil* und *da*. Man spricht in diesem Fall von einem Verbalstil, weil der Grund durch ein Verb + eine Konjunktion genannt wird. In wissenschaftlichen Texten werden Ursache-Wirkungszusammenhänge jedoch oftmals nicht im Verbalstil sondern im Nominalstil geschrieben.

Kausale Angaben

Aufgabe 11.3

Lesen Sie folgenden Satz und unterstreichen Sie die Worte, die den Grund angeben:

„Durch das Eingehen einer Kooperation haben wir weniger Fisch gefangen."

> **Wichtig:**
> Im Nominalstil wird der Grund durch ein Nomen angegeben.
> Vor dem Nomen stehen die Präpositionen **aufgrund** (+ Gen.) / **wegen** (+ Gen.) / **durch** (+ Akk.) / **dank** oder **infolge** (+ Gen.)

Aufgabe 11.4

Lesen Sie die Sätze im Verbalstil und wandeln Sie den unterstrichenen Satzteil in einen Nominalstil um. Bilden Sie hierzu aus dem Verb ein Nomen.

a) Weil jeder Fischer sich <u>nutzenmaximierend verhält</u>, kommt es zu einer Überfischung der Meere.
b) Weil <u>zu viel Unsicherheit besteht</u>, ändert nicht jede Fischer-Gruppe ihr Verhalten.
c) Weil die <u>Kooperation freiwillig</u> ist, halten sich einige Fischer-Gruppen nicht daran.
d) Weil <u>zu viel Fisch gefangen wird</u>, sinkt der Fischbestand.

Ursache-Wirkungszusammenhänge können außerdem auch durch Redemittel im Verbal- und Nominalstil beschrieben werden.

Aufgabe 11.5

Schreiben Sie mit den Redemitteln im Kasten neue Sätze aus den Beispielen in Aufgabe 11.4.

aus … resultiert …
… ist das Resultat von …
Auslöser für … ist …
… hat zur Folge, dass …
eine Ursache / ein Grund für … ist …
ursächlich für … ist …

<u>Beispiel: Aus dem nutzenmaximierenden Verhalten der Fischer resultiert eine Überfischung der Meere.</u>

Der Konflikt, den Sie in dem Planspiel aus Aufgabe 11.1 beobachten konnten, wird in der Ökonomie auch als Dilemma-Situation bezeichnet. Sie als einzelnes Fischerei-Unternehmen können Ihren Nutzen am meisten maximieren, wenn Sie so viel Fisch wie möglich fangen und verkaufen. Sie konnten aber im Laufe des Spiels feststellen, dass sich bei nutzenmaximierendem Verhalten aller Mitspieler der Fischbestand im Meer schnell immer weiter reduzierte, so dass Sie zum Schluss gar keinen Fisch mehr fangen konnten. Die egoistischen Entscheidungen des Einzelnen führten also insgesamt zu einem schlechteren Ergebnis sowohl für den Einzelnen als auch die ganze Gruppe.

Nash-Gleichgewicht

Nun stellt sich die Frage, warum die Menschen nicht einfach auf freiwilliger Basis miteinander kooperieren, um nicht nur für sich selbst sondern auch für die Gemeinschaft ein besseres Ergebnis zu erzielen. Eine Antwort auf diese Frage liefert Ihnen das folgende Konzept der Spieltheorie, das nach dem berühmten Mathematiker John Forbes Nash auch als Nash-Gleichgewicht bekannt ist.[1]

Aufgabe 11.6

Versetzen Sie sich noch einmal in die Situation aus Aufgabe 11.1, als Sie nach Spielrunde 5 eine Konferenz mit allen Fischern abhielten. In dieser Konferenz haben Sie gemeinsam vereinbart, dass jede Fischer-Gruppe nicht mehr als 15 Tonnen Fisch fängt. Diese Vereinbarung war jedoch freiwillig und wurde nicht kontrolliert. Welche Strategien konnten Sie mit Ihrer Gruppe und welche die anderen Fischer-Gruppen verfolgen? Die vier verschiedenen strategischen Möglichkeiten zeigt Ihnen folgende Matrix. Die Zahlen geben das Ergebnis an, das jede Seite erzielt, je nachdem, welche Entscheidung sie trifft. Die Zahlen stellen eine Rangfolge dar, wie gut das Ergebnis für die jeweilige Gruppe ist (von 10 = sehr gut bis 0 = sehr schlecht).

<table>
<tr><th colspan="4">Meine Fischer-Gruppe</th></tr>
<tr><td rowspan="3">Die anderen Fischer-Gruppen</td><td></td><td>Kooperation</td><td>keine Kooperation</td></tr>
<tr><td>Kooperation</td><td>8 / 8</td><td>2 / 10</td></tr>
<tr><td>keine Kooperation</td><td>10 / 2</td><td>5 / 5</td></tr>
</table>

1 Mankiw, Gregory N.; Taylor, Mark P. (2018): Grundzüge der Volkswirtschaftslehre. 7. Auflage. Stuttgart: Schäffer-Poeschel, S. 461 ff.

a) Schauen Sie sich gemeinsam in Ihren Fischer-Gruppen die Matrix an und formulieren Sie Sätze für alle vier Möglichkeiten, die eintreffen können.

Eine Möglichkeit kann sein, dass unsere Gruppe kooperiert und die anderen Fischer-Gruppen auch kooperieren. In diesem Fall hat jede Gruppe ein Ergebnis von 8.

Ja, aber eine andere Möglichkeit ist, dass…

b) Beraten Sie gemeinsam in Ihrer Gruppe, welches die beste Strategie für jeden individuell wäre. Markieren Sie das entsprechende Feld in der Matrix.
c) Diskutieren Sie gemeinsam in Ihrer Gruppe, welches die beste Strategie für die Gemeinschaft wäre. Markieren Sie das entsprechende Feld in der Matrix.
d) Das Nash-Gleichgewicht ist so definiert, dass **keiner der beiden Spielparteien sich durch eine Änderung seiner Strategie verbessern kann. Es ist die strategisch individuell beste Entscheidung auf die strategisch beste Entscheidung des Gegners.** Markieren Sie das Feld in der Matrix, in dem ein Nash-Gleichgewicht vorliegt.
e) Diskutieren Sie gemeinsam in Ihrer Gruppe, was die Gründe dafür sein könnten, warum es zu keiner Kooperation zwischen den Gruppen kommen kann.
f) Überlegen Sie sich eine mögliche Lösung für die Dilemma-Situation.

In dem Planspiel in Aufgabe 11.1 kam es zu einem Konflikt, weil das Gut ‚Fisch' eine besondere Art von Gut darstellt, dessen Bereitstellung und Konsum mit Problemen verbunden ist. In Kapitel 2 haben Sie bereits verschiedene Arten von Gütern kennengelernt und wie sich diese klassifizieren lassen. Hören Sie nun in der nachfolgenden Übung eine weitere Form der Klassifizierung von Güterarten und warum es bei der Bereitstellung dieser Güter zu Konflikten kommt.

Allmende-Güter

Aufgabe 11.7

Hören Sie die Vorlesung.

a) Tragen Sie die Bezeichnung der vier verschiedenen Güterarten mit jeweils einem Beispiel in die Matrix ein.

b) Welcher Güterart würden Sie das Beispiel ‚Fische' aus Aufgabe 11.1 zuordnen?

		Rivalität	
		niedrig	hoch
Ausschließbarkeit	niedrig		
	hoch		

c) Hören Sie die Vorlesung ein zweites Mal und machen Sie sich Notizen zu den verschiedenen Güterarten. Schreiben Sie dann zu den vier Güterarten jeweils eine Definition. Die Redemittel aus Kapitel 1 helfen Ihnen.

Beispiel: Private Güter werden definiert als …______________________________

Aufgabe 11.8

Wiederholen Sie in Partnerarbeit das Kapitel 11.

a) Unterstreichen Sie die Begriffe, von denen Sie glauben, dass es sich um Schlüsselbegriffe zum Thema „wirtschaftliches Handeln ist konfliktgeprägt" handelt.

Anhang 11.8

b) Vergleichen Sie Ihre Schlüsselbegriffe mit den Begriffen auf den Karten aus Anhang 11.8.

Aufgabe 11.9

Erstellen Sie in Partnerarbeit mit den Begriffen auf den Karten eine Concept Map. Gehen Sie folgendermaßen vor:

a) Sortieren Sie alle Begriffe, indem Sie die Begriffe, die in einer Beziehung zueinander stehen, nebeneinander legen.
b) Verbinden Sie die Begriffe durch Pfeile.
c) Beschriften Sie die Pfeile mit einem passenden Verb.
d) Vergleichen Sie Ihre Concept Map mit denen der anderen Gruppen und einigen Sie sich auf eine Version.

In Kapitel 11 konnten Sie sehen, dass die Bereitstellung von bestimmten Gütern zu Konflikten in der Wirtschaft führen kann. Dies betrifft vor allem die Bereitstellung von Allmende-Gütern, die dadurch gekennzeichnet sind, dass bei ihrer Nutzung eine hohe Rivalität besteht, aber dass man niemanden von der Nutzung dieser Güter ausschließen kann. Daraus ergibt sich eine Dilemma-Situation, wie Sie bei dem Planspiel mit den Fischerei-Unternehmen selbst feststellen konnten. Das Gut Fisch wurde in dem Spiel zu stark konsumiert, da jedes Unternehmen nur seine eigene Nutzenmaximierung im Blick hatte. Dies führte schließlich dazu, dass es gar keinen Fisch mehr gab, was für alle Fischer zum Nachteil wurde. Allerdings führte die Unsicherheit über das Verhalten der anderen Fischer dazu, dass es auch zu keiner Kooperation kommen konnte. Das Beispiel macht deutlich, warum es im Wirtschaftsleben bei bestimmten Gütern zu Marktversagen kommt und es erforderlich ist, dass die Bereitstellung durch den Staat erfolgt.

Im nächsten Kapitel erfahren Sie, in welchen Situationen es noch wichtig ist, dass der Staat in das wirtschaftliche Geschehen eingreift.

In diesem Kapitel haben Sie gelernt …,

Grammatik:
Ursache-Wirkungszusammenhänge bzw. Begründungen im Verbalstil und Nominalstil auszudrücken:

Verbalstil	Nominalstil
Weil wir eine Kooperation **eingegangen sind**, …	Durch **das Eingehen** einer Kooperation …

Redemittel:
Ursache und Wirkung:

- ursächlich für … ist …
- aus … resultiert …
- … ist das Resultat von …
- Auslöser für … ist …
- … hat zur Folge, dass …
- eine Ursache / ein Grund für … ist …

Fachwortschatz:

- das Allmende-Gut: ein Gut, das durch einen hohen Grad an Rivalität und einen niedrigen Grad der Möglichkeit zur Ausschließung von der Nutzung gekennzeichnet ist
- das private Gut: ein Gut mit einem hohen Rivalitätsgrad und einer hohen Ausschließbarkeit
- das Clubgut: ein Gut mit einer hohen Ausschließbarkeit und einem geringen Rivalitätsgrad
- das öffentliche Gut: ein Gut mit einem niedrigen Rivalitätsgrad und einer geringen Ausschließbarkeit
- das Dilemma/die Dilemmata: individuell rationale Entscheidungen führen aufgrund von Abhängigkeiten gegenüber anderen Entscheidungen zu einem schlechteren Ergebnis für die Gemeinschaft
- das Nash-Gleichgewicht: kennzeichnet eine Situation von zwei Spielern, in der sich keiner der beiden Spieler durch eine Änderung seiner Strategie bei gegebener Strategie des anderen Spielers verbessern kann

12. Wirtschaftliches Handeln schafft Interdependenz

In diesem Kapitel lernen Sie

fachlich,

- Beispiele für gegenseitige Abhängigkeiten (Interdependenzen) in der Wirtschaft kennen.
- den Zusammenhang zwischen dem Magischen Viereck und dem deutschen Stabilitätsgesetze von 1967 kennen.
- den Konjunkturzyklus und seine Phasen zu unterscheiden.
- Maßnahmen zur Konjunkturbelebung und -dämpfung einzuschätzen.

sprachlich,

- die BBB-Methode für Diskussionen anzuwenden.
- Mittel und Zielbeschreibungen durch Modalsätze auszudrücken.

hinsichtlich Methoden und Lernstrategien,

- Lesestrategien auf Grafiken anzuwenden.
- die Vorbereitung und Durchführung einer Talkrunde.

Sie haben in den vergangenen 11 Kapiteln viel über die Wirtschaft gelernt. Sie kennen die Wirtschaftssubjekte, die auf dem Markt eine Rolle spielen (Unternehmen, Haushalte, der Staat, das Ausland, Banken). Sie wissen, dass das wirtschaftliche Handeln geprägt ist von Nutzenmaximierung, Gewinnorientierung und auch von Konflikten. Was für ein Wirtschaftssubjekt von Vorteil ist, schadet vielleicht einem anderen oder der ganzen Gemeinschaft. Viele dieser Faktoren sind voneinander abhängig, also interdependent. Die wirtschaftlichen Handlungen wirken gegenseitig aufeinander. Lernen Sie nun einige gesamtwirtschaftliche Interdependenzen kennen.

Stellen Sie sich vor, Sie wären der Wirtschaftsminister Ihrer Insel und sollten Ihre Wirtschaftspolitik bei einem internationalen Wirtschaftskongress vertreten.

Aufgabe 12.1

Machen Sie mit Ihrem Lernpartner ein Brainstorming, um die Wirtschaft auf Ihrer Insel vorzustellen. Bitte notieren Sie stichpunktartig Themen zur aktuellen wirtschaftlichen Situation auf Ihrer Insel und zu kurz-, mittel- und langfristigen Zielen, die Sie für die Wirtschaft Ihrer Insel sehen.

Magisches Viereck

Aufgabe 12.2

Hören Sie nun einen Dialog zwischen zwei anderen Wirtschaftsministern über die wirtschaftliche Lage ihrer beiden Länder.

a) Notieren Sie in Stichworten, über welche Themen die beiden sprechen.
b) Vergleichen Sie die Gesprächsthemen mit Ihren Ideen aus Aufgabe 12.1. Ergänzen Sie Ihre Notizen aus dem Brainstorming.
c) Lesen Sie nun die folgenden Fragen und Arbeitsanweisungen, bevor Sie das Gespräch ein zweites Mal hören und schreiben Sie Ihre Antworten in Stichpunkten:

   1. Wie hoch darf die Arbeitslosenquote sein, wenn man von Vollbeschäftigung spricht?
   2. Warum ist eine geringe Arbeitslosenquote gut für die Wirtschaft?
   3. Welche Abhängigkeit zwischen Zinsen und Sparen wird erklärt?
   4. Welche vier Ziele hat das Stabilitätsgesetz, das unabhängig von der Regierung weiter gilt?
   5. Warum wird das Viereck als ‚Magisches' Viereck bezeichnet?
   6. Nennen Sie ein Ziel, das mit einem anderen konkurriert.
   7. Warum wurde das Land als ‚Exportweltmeister' bekannt?

d) Nach dem Hören: Stellen Sie eine Vermutung an, aus welchem Land der eine Wirtschaftsminister kommen könnte.

e) Zeichnen Sie das magische Viereck, das aus dem Stabilitätsgesetz resultiert.
f) Der Wirtschaftsminister spricht davon, dass in seiner Wirtschaft das Viereck mittlerweile durch ein Vieleck ersetzt wurde. Stellen Sie eine Vermutung an, durch welche weiteren ökologischen, wirtschaftlichen und sozialen Ziele das Vieleck ergänzt wurde.

In Deutschland wurde 1967 das gesamtwirtschaftliche Gleichgewicht als Staatsziel im Grundgesetz verankert.

Sie haben gesehen, dass wirtschaftliche Entscheidungen gegenseitige Abhängigkeiten, also Interdependenzen schaffen. Viele dieser Interdependenzen zeigen sich in der wirtschaftlichen Lage eines Landes: der Konjunktur. Sie verläuft in typischen Phasen. Sehen Sie selbst.

Konjunkturzyklus

Aufgabe 12.3

Sie finden nachfolgend einen Text über den Konjunkturzyklus sowie eine grafische Darstellung.

a) Sehen Sie sich die Grafik an, bevor Sie den Text lesen. In wie viele Abschnitte würden Sie die Grafik einteilen? Markieren Sie die Abschnitte.
b) Lesen Sie den Text zusammen mit der Grafik und überprüfen Sie die Einteilung Ihrer Abschnitte aus Aufgabe a).

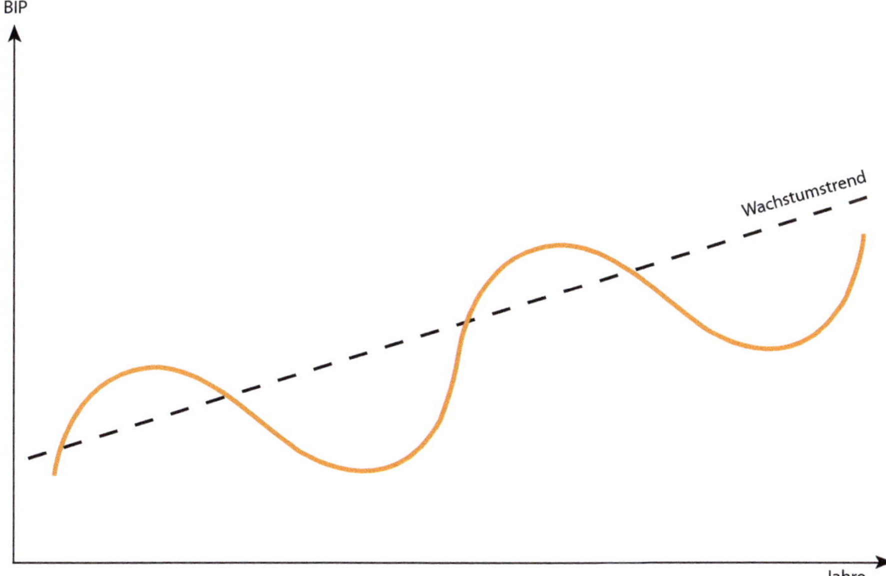

Die Konjunktur – ein ständiges Auf und Ab in der Wirtschaft

I. Die Wirtschaft eines Landes funktioniert nicht immer gleich. Sie unterliegt Schwankungen. Diese Schwankungen zeigen sich in einer wellenförmigen Kurve, die man auch den Konjunkturzyklus nennt.

Gemessen wird die Konjunktur, also die gesamtwirtschaftliche Lage eines Landes, am Bruttoinlandsprodukt (BIP), also der Summe aller Waren und Dienstleistungen, die innerhalb einer Volkswirtschaft in einer Periode hergestellt werden und zu Marktpreisen bewertet sind. Vereinfacht ausgedrückt könnte man sagen, es ist die gesamtwirtschaftliche Leistung eines ganzen Landes.

Wenn auch die Konjunktur in immer wiederkehrenden Zyklen verläuft, so soll sich trotzdem langfristig eine Gerade mit einer stetigen und angemessenen Steigung als Wirtschaftswachstumstrend ergeben, also ein positiver Trend. So will es das Stabilitätsgesetz in Deutschland.

Grundsätzlich beobachtet man im Konjunkturzyklus vier verschiedene wiederkehrende und in der gleichen Reihenfolge aufeinanderfolgende Phasen: den Aufschwung, den Boom, die Rezession, die Depression und dann beginnt der Kreislauf mit dem Aufschwung wieder von vorn.

II. Was kennzeichnet die einzelnen Phasen?
Die Aufschwungphase oder auch Expansion ist gekennzeichnet durch eine sehr positive Stimmung auf dem Markt: das liegt am steigenden Konsum der privaten Haushalte. Dadurch, dass mehr konsumiert wird, sinken die Lagerbestände bei den Unternehmen. Die Unternehmen haben Grund mehr zu produzieren. Die Arbeitskräfte machen Überstunden und wenn das nicht ausreicht, werden mehr Arbeitskräfte eingestellt, was wiederum dazu führt, dass die Arbeitslosenzahlen sinken. Die technischen Produktionskapazitäten werden voll ausgelastet und die Unternehmen investieren, um neue Produktionskapazitäten zu schaffen.

Der Boom, oder auch die Hochkonjunktur, ist die Hochphase des Konjunkturzyklus. Die Produktionskapazitäten der Unternehmen sind voll ausgelastet. Die hohe Nachfrage führt zu hohen Löhnen und hohen Preisen. In einigen Branchen herrscht Facharbeitermangel.

Die Abschwungphase oder auch Rezession zeichnet sich durch hohe Lagerbestände aus, da noch viel produziert wird, aber nicht alles verkauft werden kann. Selbst durch sinkende Preise kann die Nachfrage nicht angekurbelt werden. Die Unternehmen reagieren darauf, indem sie zuerst Überstunden abbauen. Später kommt es zu Entlassungen, was die Arbeitslosenzahlen ansteigen lässt.

Die Tiefphase der Konjunktur wird auch Depression genannt. In dieser Phase steigt die Arbeitslosigkeit massiv. Der Konsum ist gering und die Unternehmen investieren nur sehr wenig. Die Zinsen sinken auf einen Tiefpunkt. Wie stark die Hoch- und Tiefpunkte ausfallen, ist von Volkswirtschaft zu Volkswirtschaft verschieden.

Eines der Ziele der Wirtschaftspolitik der Bundesrepublik ist ein angemessenes stetiges Wachstum. Deshalb greift der Staat aktiv mit konjunkturbelebenden oder konjunkturdämpfenden Maßnahmen in die Wirtschaft ein, um die konjunkturellen Extreme durch geeignete Maßnahmen zu verhindern. Man unterscheidet dabei die nachfrageorientierte und die angebotsorientierte Wirtschaftspolitik.

Der Staat kann dadurch die Nachfrage beeinflussen, dass

- höhere oder niedrigere Steuern das Einkommen und damit auch die Ausgaben der Haushalte und Unternehmen erhöhen oder senken.
- Kredite, Prämien oder Subventionen für den Kauf bestimmter Güter ausgegeben werden (z.B. für den Kauf von Elektroautos).

Der Staat kann das Angebot beeinflussen, indem

- die Produktionsbedingungen in der Volkswirtschaft verbessert werden (z.B. durch die Ausweitung von Ladenöffnungszeiten oder das Lockern von Gesetzen für die Einwanderung von Fachkräften aus dem Ausland).
- er neue Technologien fördert (zum Beispiel die Digitalisierung).
- die Bildung und Ausbildung gefördert wird und später mehr qualifizierte Arbeitskräfte in der Wirtschaft zur Verfügung stehen.

c) Ordnen Sie jeder Phase des Konjunkturzyklus ausgleichende Maßnahmen zu, die der Staat ergreifen kann, um den Konjunkturverlauf zu beeinflussen. Schreiben Sie dazu, ob der Staat konjunkturfördernd oder konjunkturdämpfend vorgehen sollte.

Modalsätze

Aufgabe 12.4

In dem Text über den Konjunkturzyklus werden viele Modalsätze verwendet, um zu beschreiben, wie der Staat in den Konjunkturzyklus eingreift. Modalsätze geben also an, auf welche Art und Weise bzw. wie oder wodurch etwas passiert.

a) Markieren Sie im Textteil II die Modalsätze mit **indem** / **dadurch dass**.
b) Lesen Sie die Beispielsätze in der Tabelle und markieren Sie die modalen Konjunktionen und die Verben: Wie / Auf welche Art und Weise / Wodurch wirkt der Staat konjunkturfördernd?

Hauptsatz (Ziel)	Nebensatz (Art und Weise)
Der Staat wirkt konjunkturfördernd,	indem er die Nachfrage ankurbelt.
Der Staat wirkt konjunkturfördernd,	dadurch dass er die Nachfrage ankurbelt.
Der Staat wirkt dadurch konjunkturfördernd,	dass er die Nachfrage ankurbelt.

c) Ergänzen Sie die Regeln mit den Wörtern im Kasten:

Ende, trennen, Nebensatz, betont

Wichtig:
Die Konjunktionen **indem** und **dadurch dass** leiten einen ____________ ein. Deshalb steht das Verb am ________.
Dadurch dass kann man im Satz _____________.

Wenn die Art und Weise besonders____________ werden soll, steht **dadurch** im Hauptsatz. Haupt- und Nebensatz können die Position auch tauschen.

d) Bilden Sie aus den folgenden Angaben Modalsätze mit **indem** (beachten Sie die richtige Konjugation und Deklination im Satz):

1. Die Bundesregierung / eingreifen / konjunkturdämpfend / erhöhen / Steuern für Konsumgüter.
2. Der Staat / beleben / Konjunktur / Aufträge vergeben / durch die öffentliche Hand.
3. Der Staat / Zinsen senken / Anreize zur Investition schaffen / positiv beeinflussen / die Konjunktur.
4. fördern / Die Wirtschaftspolitik / die Konjunktur / auf das Einkommen / Steuern / gesenkt werden.

e) Verbinden Sie die folgenden Sätze mit **dadurch dass**. Für **dadurch** sind verschiedene Positionen möglich.

1. So fördert der Staat die Konjunktur: Er schafft Beschäftigungsprogramme zur Stützung des Arbeitsmarktes.

Beispiel: Der Staat fördert die Konjunktur, dadurch dass er ... ______________________

2. So wirkt der Staat konjunkturdämpfend: Er bildet finanzielle Rücklagen für eine Rezession.
3. So belebt der Staat die Konjunktur mit verstärkter Nachfrage: Er erhöht das Kindergeld.
4. So hat die Bundesregierung das Angebot erhöht: Sie hat die Ladenöffnung auch an Sonntagen erlaubt.

f) Beantworten Sie die folgenden Fragen schriftlich durch Sätze mit **dadurch dass** oder **indem**.
1. Wodurch kann das verfügbare Einkommen im Haushalt eingeschränkt werden?
2. Wie kann der Staat konjunkturbelebend wirken?
3. Auf welche Weise kann die Wirtschaftspolitik für mehr Einkommensgerechtigkeit sorgen?

Sie haben jetzt die gegenseitigen Abhängigkeiten im Wirtschaftsleben kennengelernt und erfahren, wie sich bestimmte Maßnahmen auf die Konjunktur auswirken können. Sie arbeiten im Wirtschaftsministerium und sollen an einer 20-minütigen Talkrunde zu folgender Streitfrage teilnehmen: Soll die Bundesregierung die Konjunktur durch Kaufprämien von bis zu 6.000 Euro für Elektroautos beleben?

Diskussion in einer Talkrunde

Aufgabe 12.5

Die Vorbereitung und Durchführung der Talkrunde verläuft in mehreren Phasen:

a) Alle Kursteilnehmer werden in zwei große Gruppen eingeteilt: eine „Pro"- und eine „Contra"-Gruppe.
b) Die Recherchephase: Jede Gruppe recherchiert zuerst die Argumente ihrer Seite. Antizipieren Sie dabei die Argumente der Gegenseite und bereiten Sie argumentative Gesprächsstrategien vor.
   - Nutzen Sie die Informationen über das magische Vieleck, den Konjunkturzyklus und Ihr Wissen zu Interdependenzen aus den vorherigen Kapiteln. Dafür können Sie sich auch in Kleingruppen aufteilen. Auch hier können Sie

verschiedene Positionen einnehmen. Wie sehen die Haushalte die Kaufprämie, wie die Hersteller von E-Autos, wie die Hersteller von Autos mit Verbrennungsmotor?

- Nun tauschen Sie sich innerhalb Ihrer Großgruppe über alle Argumente aus.
- Wählen Sie aus Ihrer Großgruppe jeweils 2 Kandidaten, die an der Talkshow teilnehmen.
- Bereiten Sie die Teilnehmer Ihrer Gruppe gut auf die Diskussion vor. Die Argumente können auch auf die beiden Teilnehmer der Talkrunde aufgeteilt werden.
- Ordnen Sie Ihre Argumente nach der B-B-B-Methode: Zuerst eine **B**ehauptung aufstellen, diese **b**egründen und anschließend ein **B**eispiel bringen:

Behauptung:
Meiner Ansicht nach ist .... das Beste für ...
Ich bin der festen Überzeugung, dass ...
In Bezug auf ... würde ich sagen, dass ...
Ich vertrete den Standpunkt ...

Begründung:
Das liegt daran, dass ...
Dabei zeigt sich, dass ...
Ich halte das für besonders wichtig, weil ... Wenn man bedenkt, dass ... dann ...
Der Grund dafür ist ...

Beispiel:
Ich verweise auf ...
Denken Sie an ....
Ich beziehe mich dabei auf ...
Ein Paradebeispiel hierfür ist ...
Das sieht man daran, dass ...
Man denke nur an ...

- Bereiten Sie auch Sätze für die Diskussion vor, die zeigen, dass Sie respektvoll auf Ihre Diskussionsgegner und die Redebeiträge eingehen. Widersprechen Sie höflich und fragen Sie nach, ob Sie alles richtig verstanden haben.

Verständnis sichern / nachfragen:
Meinen Sie, dass ...
Möchten Sie damit sagen, dass ...
Könnten Sie bitte noch einmal erläutern ...
Erlauben Sie eine Zwischenfrage?
Da muss ich kurz einhaken.
Darf ich noch einmal auf ... zurückkommen?

widersprechen:
Dem kann ich nicht zustimmen.
Ich teile Ihre Ansicht da nicht so ganz ...
Da muss ich Ihnen widersprechen ...
Da bin ich sehr skeptisch.
Das überzeugt mich nicht.
Das mag ja stimmen, aber ...
Überzeugend finde ich das nicht.

c) Führen Sie nun die Talkrunde durch. Ihre Lehrkraft übernimmt die Moderation. Alle übrigen Teilnehmer sind Zuschauer und notieren die Argumente der jeweils gegnerischen Gruppe stichpunktartig.
d) Zeichnen Sie die Talkrunde auf Video auf, wenn alle Teilnehmer damit einverstanden sind.

Jetzt kommen noch einmal alle zu Wort:

e) Führen Sie nach der Talkrunde eine Abstimmung unter den Zuschauern durch, welches Team die überzeugendsten Argumente hervorgebracht hat.

Mit dem letzten Kapitel dieses Buches haben Sie erfahren, wie die bisherigen wirtschaftlichen Faktoren in diesem Buch miteinander in Beziehung stehen.

Es ist wichtig, die verschiedenen Prozesse immer in einem gesamtwirtschaftlichen Zusammenhang zu sehen. Das Buch hat Ihnen hoffentlich gezeigt, aus wie vielen verschiedenen Perspektiven man wirtschaftliches Handeln betrachten kann und konnte Ihnen vielleicht einen ersten Überblick darüber geben, mit welchen Bereichen Sie sich in Ihrem wirtschaftswissenschaftlichen Studium näher beschäftigen können.

In diesem Kapitel haben Sie gelernt ...,

Grammatik:
die Art und Weise einer Handlung durch Modalsätze mit **indem** und **dadurch dass** auszudrücken:

Hauptsatz (Ziel)	Nebensatz (Art und Weise)
Der Staat wirkt konjunkturfördernd,	indem er die Nachfrage ankurbelt.
Der Staat wirkt konjunkturfördernd,	dadurch dass er die Nachfrage ankurbelt.
Der Staat wirkt dadurch konjunkturfördernd,	dass er die Nachfrage ankurbelt.

Redemittel:
1. Etwas behaupten: Meiner Ansicht nach ist …. das Beste für … / Ich bin der festen Überzeugung, dass … / In Bezug auf … würde ich sagen, dass … / Ich vertrete den Standpunkt …
2. ein Beispiel geben: Ich verweise auf … / Denken Sie an … / Ich beziehe mich dabei auf … / Ein Paradebeispiel hierfür ist … / Das sieht man daran, dass … / Man denke nur an …
3. eine Begründung geben: Das liegt daran, dass … / Dabei zeigt sich, dass … / Ich halte das für besonders wichtig, weil … / Wenn man bedenkt, dass … dann… / Der Grund dafür ist …

Fachwortschatz:
- Die Konjunktur: die gesamtwirtschaftliche Lage
- der Konjunkturzyklus: der zyklische Wechsel der gesamtwirtschaftlichen Lage
- der Aufschwung/die Expansion: der Anstieg der Wirtschaftsleistung
- der Boom/die Hochkonjunktur: der Maximalpunkt der Wirtschaftsleistung, in der alle Kapazitäten voll ausgelastet sind
- der Abschwung/die Rezession: der Rückgang der Wirtschaftsleistung
- die Depression: ein langanhaltender Tiefstand der Wirtschaftsleistung

Literatur

Weiterführende Literatur

Wirtschaft

Balderjahn, Ingo; Specht, Günter (2020): Einführung in die Betriebswirtschaftslehre. 8. Auflage. Stuttgart: Schäffer-Poeschel.

Krafft, Dietmar; Mittelstädt, Ewald; Wiepcke, Claudia (2005): Markt-Lexikon Wirtschaft: Fachbegriffe von A - Z einfach und verständlich erklärt. In: Markt. Bielefeld: Bertelsmann.

Mankiw, Gregory N.; Taylor, Mark P. (2018): Grundzüge der Volkswirtschaftslehre. 7. Auflage. Stuttgart: Schäffer-Poeschel.

Pfannmöller, Jürgen (2018): Kreative Volkswirtschaftslehre: eine handlungs- und praxisorientierte Einführung in die Volkswirtschaftslehre. Wiesbaden: Springer Gabler.

Deutsch als Fremdsprache

Buscha, Anne; Szita, Szilvia (2012): B-Grammatik: Übungsgrammatik Deutsch als Fremdsprache, Sprachniveau GER B1/B2 (Deutsch). Leipzig: Schubert.

Buscha, Anne; Szita, Szilvia; Raven, Susanne (2012): C-Grammatik: Übungsgrammatik Deutsch als Fremdsprache, Sprachniveau GER C1/C2 (Deutsch). Leipzig: Schubert.

Dreyer, Hilke; Schmitt, Richard (2017): Lehr- und Übungsbuch der deutschen Grammatik – aktual. 4. Auflage. Hueber.

Jahr, Silke (2019): Wirtschaftsdeutsch: Grundlagen zur Volkswirtschaft, Finanzpolitik und zum Unternehmertum, Ein Lehrwerk für DaF/DaZ, Sprachniveau GER B2 C1 C2, aus der Reihe UNI? SICHER! Band 4. Berlin: Booksbaum.

Jin, Friederike; Voss, Ute (2017): Grammatik aktiv, Sprachniveau GER B2-C1. Berlin: Cornelsen.

Wissenschaftliches Arbeiten

Brink, Alfred (2013): Anfertigung wissenschaftlicher Arbeiten. Ein prozessorientierter Leitfaden zur Erstellung von Bachelor-, Master- und Diplomarbeiten. 4. Auflage. Wiesbaden: Springer Gabler.

Goldenstein, Jan; Hunoldt, Michael; Walgenbach, Peter (2018): Wissenschaftliche(s) Arbeiten in den Wirtschaftswissenschaften. Themenfindung – Recherche – Konzeption – Methodik – Argumentation. Wiesbaden: Springer Gabler.

Verwendete Literatur

Bea, Franz Xaver; Helm, Roland; Schweitzer, Marcell (2009): BWL-Lexikon. Stuttgart: UTB.

Ewig, Gerd (1991): Schülerzentriertes Lernen im Wirtschaftsunterricht: Simulationen (Fallstudie, Rollenspiel, Lern- und Planspiel). In: Erziehungswissenschaft und Beruf. Ausgabe 2, S. 130-147.

Gibbons, P. (2002): Scaffolding Language. Scaffolding Learning. Teaching Second Language Learners in the Mainstream Classroom. Portsmouth, NH: Heinemann.

Herlyn, Estelle L. A. (2012): Einkommensverteilungsbasierte Präferenz- und Koalitionsanalysen auf der Basis selbstähnlicher Equity-Lorenzkurven: ein Beitrag zur Quantifizierung sozialer Nachhaltigkeit. Wiesbaden: Springer Gabler. Geleitwort von Prof. Harald Dyckhoff.

Kaminski, H. (2017): Fachdidaktik der ökonomischen Bildung. Paderborn: UTB.

Kniffka, G. (2010): Scaffolding. Stiftung Mercator. ProDaZ. Abrufbar unter: https://www.uni-due.de/imperia/md/content/prodaz/scaffolding.pdf.

Kurz, Heinz D.; Sturn, Richard (2013): Adam Smith für jedermann: Pionier der modernen Ökonomie. In: Ökonomen für Jedermann. Band 2. Frankfurt am Main: Frankfurter Allgemeine Buch.

Mankiw, Gregory N.; Taylor, Mark P. (2018): Grundzüge der Volkswirtschaftslehre. 7. Auflage. Stuttgart: Schäffer-Poeschel.

Paulsen, Andreas (2019): Allgemeine Volkswirtschaftslehre. Band 1. In: Sammlung Göschen 1169. 8. Auflage. Berlin, Boston: De Gruyter.

Pfannmöller, Jürgen (2018): Kreative Volkswirtschaftslehre: eine handlungs- und praxisorientierte Einführung in die Volkswirtschaftslehre. Wiesbaden: Springer Gabler.

Pfeiffer, J. William; Jones, John E. (1970): A Handbook of Structured Experiences for Human Relations Training, vol I + II. Iowa City: University Associates Press.

Fachliche, sprachliche und methodische Inhalte im Überblick

Kapitel	*fachliche Inhalte*	*sprachliche Inhalte*	*methodische Inhalte & Lernstrategien*
1: Bedürfnisse als Grundlage für wirtschaftliches Handeln 	– Bedürfnis, Bedarf, Nachfrage – Maslowsche Bedürfnispyramide – Bedürfniskategorien	– Konjunktiv II – Redemittel für Definitionen und Abgrenzungen	– Visualisierung per Mind Map – Stellungnahmen zu wissenschaftlichen Modellen – Notizen zu Vorträgen machen
2: Warum wirtschaftet der Mensch? Knappheit als Motor 	– Knappheitsproblematik – Homo Oeconomicus – ökonomisches Prinzip (Minimal- und Maximalprinzip) – Güterarten	– Behauptungen und Vermutungen – Begründungen – Relativsätze mit und ohne Präposition	– Abbildungen beschreiben – Tabellen erschließen
3: Wirtschaftliches Handeln ist entscheidungsorientiert 	– Nutzen: Grundnutzen, Zusatznutzen, Grenznutzen – Erstes Gossensches Gesetz – Budgetgerade – Indifferenzkurve	– zweiteilige Konnektoren	– Gliederung von wissenschaftlichen Texten – Einzel- und Gruppenentscheidungen bewerten
4: Warum gibt es eigentlich Unternehmen? – Wirtschaftliches Handeln erfolgt arbeitsteilig 	– Prinzip und Vorteile der Arbeitsteilung – Aufgabenbereiche von Unternehmen	– Komparativ und Superlativ von Adjektiven – Vergleiche mit als und genauso wie	– Planspiel: Unternehmensgründung – Plakaterstellung – Präsentation von Ergebnissen

Kapitel	*fachliche Inhalte*	*sprachliche Inhalte*	*methodische Inhalte & Lernstrategien*
5: Kosten im Unternehmen – Wirtschaftliches Handeln ist gewinnorientiert 	– fixe und variable Kosten – absolute Preisuntergrenze – Deckungsbeitrag – Gewinnschwelle (Break-even Point)	– Vergleichssätze – Verhältnisse ausdrücken	– Text und Grafik zusammen lesen – Planspiel: fixe und variable Kosten – Wortfeld-Cluster
6: Chancen und Risiken – Wirtschaftliches Handeln ist risikogeprägt 	– Wahrscheinlichkeiten – Risiken in der Kosten-Nutzen-Analyse – SWOT-Analyse	– Modalverben zum Ausdruck von Wahrscheinlichkeiten – mathematische Formeln ausdrücken	– Unternehmenspräsentationen
7: Alles im Gleichgewicht? Wirtschaftliches Handeln bedarf der Koordination 	– Angebot und Nachfrage – Marktgleichgewicht: Gleichgewichtspreis und -menge – Veränderung von Angebot und Nachfrage – vollkommener Markt – Wettbewerb	– Konditionalsätze – Redemittel Grafikbeschreibung Marktgleichgewicht	– Grafik zeichnen und beschreiben – die Bedeutung und Funktion von Modellen einschätzen
8: Wirtschaftliches Handeln führt zu Ungleichheit 	– Ursachen für Ungleichheit – grafische Darstellung von Ungleichheit durch die Lorenzkurve – Marktformen: Monopole, Oligopole, Polypole auf unvollkommenen Märkten – Kartelle	– Redemittel zum Beschreiben und Vergleichen von Informationen aus Tabellen und Diagrammen – Kohäsionsmittel	– kohärente Texte schreiben – Text und Tabelle zusammen lesen

Kapitel	***fachliche Inhalte***	***sprachliche Inhalte***	***methodische Inhalte & Lernstrategien***
9: Wirtschaftliches Handeln ist systemabhängig 	– Wirtschaftsordnungen – freie / soziale Marktwirtschaft, Planwirtschaft – unsichtbare Hand des Marktes – Mindestlohn	– Vorteile und Nachteile abwägen – indirekte Rede (Konjunktiv I) – Aussagen von verschiedenen Autoren vergleichen	– Szenarien einordnen und beurteilen – Ereignisketten bilden
10: Wirtschaftliches Handeln vollzieht sich in Kreislaufprozessen 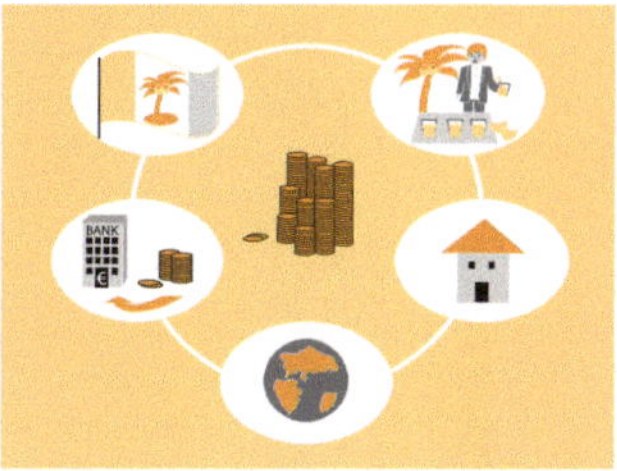	– einfacher Wirtschaftskreislauf und Erweiterungen – Funktionen des Geldes	– Partizip I und Partizip II als Adjektiv – Präteritum	– Schaubilder beschreiben – Texte durch Schaubilder visualisieren
11: Gut für mich – gut für alle? Wirtschaftliches Handeln ist konfliktgeprägt 	– Dilemma-Problematik – Nash-Gleichgewicht – Allmende-Güter	– Kausale Angaben – Verbalphrasen in Nominalphrasen umwandeln	– Planspiel: Dilemmata – Concept Maps
12: Wirtschaftliches Handeln schafft Interdependenz 	– Beispiele für Interdependenzen in der Wirtschaft – Magisches Viereck – deutsches Stabilitätsgesetz – Konjunkturzyklus – Maßnahmen zur Konjunkturbelebung und -dämpfung	– überzeugend diskutieren mit Behauptung, Begründung und Beispiel – Modalsätze	– Lesestrategien auf Grafiken anwenden – Vorbereitung und Durchführung einer Talkrunde